UEFA

EURO2024

GERMANY

LA GUÍA OFICIAL

Publicado originalmente en 2024 por Welbeck, un sello editorial de HEADLINE PUBLISHING GROUP

Publicado en España por: Editorial Planeta, S. A., 2024
Avda. Diagonal, 662-664, 08034 Barcelona (España)
www.planetadelibrosinfantilyjuvenil.com
www.planetadelibros.com
Primera edición: mayo de 2024
ISBN: 978-84-08-28496-3
Depósito legal: B. 5.347-2024
Impreso en Italia

FSC
www.fsc.org
MIXTO
Papel | Apoyando la silvicultura responsable
FSC® C023419

UEFA
EURO2024
GERMANY

LA GUÍA OFICIAL

Keir Radnedge

ÍNDICE

UEFA
UEFA
EUROPEAN FOOTBALL
CHAMPIONSHIP
© UEFA 2022

INTRODUCCIÓN

La UEFA EURO 2024 promete un mes espectacular de fútbol europeo de la más alta calidad, y todo ello concentrado en un único país: Alemania. Esta fase final supondrá también una vuelta a la normalidad tras las restricciones impuestas por la pandemia de la COVID-19, que dificultaron y empañaron la última edición del torneo.

Se han designado 10 de las mejores sedes de Europa para albergar la decimoséptima edición del torneo, y tal es la calidad de los jugadores de las 24 selecciones nacionales participantes que la competición atraerá la atención de los aficionados no solo de Europa, sino de todo el mundo.

Alemania ejercerá de anfitriona en solitario por segunda vez, tras la edición previa a su reunificación en 1988. La Federación Alemana de Fútbol (DFB) también participó en la organización paneuropea de la EURO 2020. Múnich acogió tres partidos de grupo y un encuentro de cuartos de final. En septiembre de 2018, Alemania fue elegida para organizar la fase final de la EURO 2024 por el Comité Ejecutivo del organismo rector del fútbol europeo, tras valorar que su propuesta «cumplía holgadamente con las expectativas generales en cuanto a aspectos políticos, responsabilidad social, sostenibilidad y derechos humanos».

Los anfitriones debutarán en Múnich el 14 de junio, y el torneo alcanzará su punto culminante en el Estadio Olímpico de Berlín un mes después, exactamente el 14 de julio. El formato será el conocido por todos los aficionados: seis grupos de cuatro equipos, en los que los primeros de grupo, los segundos y los cuatro mejores terceros se clasificarán para la ronda eliminatoria de octavos de final.

Los cuartos de final, semifinales y la final se disputarán durante los últimos diez días de competición. No se jugará un partido por la tercera posición, desestimado tras la edición de 1980.

ARRIBA: Fussballliebe, que significa «Amor al fútbol», será el balón oficial de la UEFA EURO 2024. Presenta la tecnología «Connected Ball» de Adidas, que ofrecerá una visión sin precedentes de cada movimiento del balón y ayudará en el sistema de asistencia de videoarbitraje.

La tradición, la base de la narrativa para el deporte más popular del mundo, ha sido evidente en cada paso de la evolución de la EURO. El francés Henri Delaunay tuvo el sueño de un campeonato europeo y también fue uno de los artífices de la creación de la UEFA a mediados de la década de 1950. De ahí que el magnífico trofeo lleve su nombre.
Francia fue el país anfitrión de la edición inaugural de 1960, en la que la Unión Soviética derrotó a Yugoslavia en la final disputada en el Parque de los Príncipes original parisino.
Inicialmente, solo participaron cuatro selecciones en las fases finales, con dos semifinales, un partido por el tercer puesto y la final. En 1980, la UEFA dio la bienvenida a más países al torneo y los participantes pasaron a ser ocho equipos. Dieciséis años después, en 1996, Inglaterra fue el primer país anfitrión en albergar un torneo de 16 equipos. La creciente popularidad del evento supuso que se incrementaran los participantes hasta la cifra de 24 equipos en 2016, en Francia.
La UEFA quiso seguir ampliando el abanico de participantes dentro de la familia del fútbol europeo, y la EURO 2020 fue la primera en tener en cuenta la recién fundada Liga de Naciones de la UEFA para el sistema de clasificación.
El formato se mantuvo para la selección de los 23 clasificados para la EURO 2024 que se unieron a Alemania, clasificada directamente como país anfitrión.
La riqueza y fortaleza del fútbol europeo a lo largo de los años queda patente por el hecho de que diez países diferentes se han alzado con el torneo. En la cima de la tabla se encuentran Alemania y España, con tres éxitos cada una; las dos primeras victorias alemanas fueron como la antigua Alemania Occidental en 1972 y en 1980. Francia e Italia han ganado el torneo en dos ocasiones cada una. Los *Azzurri* son los vigentes campeones. Se impusieron a Inglaterra en la tanda de penaltis tras el empate a 1 con el que concluyeron los 90 minutos iniciales de la final de la aplazada EURO 2020, que acabó disputándose en Wembley en julio de 2021.

ARRIBA: Los jugadores de Italia y el seleccionador Roberto Mancini celebran su triunfo en la final de la UEFA EURO 2020 celebrada en Wembley. La victoria sobre Inglaterra en julio de 2021 supuso el segundo título europeo para Italia, 53 años después de haber logrado el primero.

BIENVENIDOS A LA UEFA EURO 2024

La 17.ª edición de la UEFA EURO hará vibrar este año a los aficionados de diez ciudades a lo largo y ancho de Alemania. Desde la primera edición celebrada en 1960, diez equipos han alzado la codiciada copa Henri Delaunay. La fase final de 2024 se desarrollará en diez de las ciudades con más tradición futbolera del país germano: Berlín, Colonia, Dortmund, Fráncfort, Gelsenkirchen, Hamburgo, Leipzig, Múnich, Stuttgart y Düsseldorf.

HISTORIA

El Campeonato Europeo de Naciones de la UEFA empezó su andadura con 17 participantes, pero se consolidó rápidamente hasta convertirse en uno de los pilares del fútbol internacional durante los 66 años transcurridos desde que Anatoly Ilyin anotara el histórico primer gol de la competición el 28 de septiembre de 1958, en la victoria por 3-1 de la Unión Soviética sobre Hungría.

El campeonato fue acogido con cautela por muchas federaciones nacionales, pero los países que declinaron su participación, como Inglaterra o Italia, no tardaron en reconocer la importancia del torneo.

La edición de 1958-60 se organizó según el sistema de eliminatorias a dos partidos popularizado en las competiciones europeas de clubes. La fase final, disputada por cuatro países, se celebró en Francia en reconocimiento a Henri Delaunay, antiguo secretario de la Asociación Francesa de Fútbol y principal artífice de la creación del torneo. Francia, a pesar de no poder contar con los lesionados Raymond Kopa y Just Fontaine, estuvo a punto de alcanzar la final, pero se quedó a las puertas. En un disputado encuentro de semifinales, iba ganando por 4-2 a falta de 15 minutos para el final, pero Yugoslavia logró remontar con tres goles en cuatro minutos.

En la otra semifinal, la Unión Soviética, con su legendario guardameta Lev Yashin, derrotó a Checoslovaquia por 3-0 y alcanzó la primera final, disputada en el Parque de los Príncipes original. El árbitro fue el inglés Arthur Ellis. La final de 1960 llegó a la prórroga, en la que el delantero Viktor Ponedelnik logró hacer historia para la Unión Soviética.

En 1964, la Unión Soviética repitió final, esta vez disputada en España. Hungría y Dinamarca completaron el cuarteto de la fase final. España había confiado en una nueva generación de jóvenes jugadores. Su máxima estrella era el mediapunta Luis Suárez, jugador del Inter de Milán, flamante campeón de Europa. En semifinales, España se deshizo de Hungría en la

prórroga y, en la final, se impuso a la Unión Soviética por 2-1 en el estadio Santiago Bernabéu, con goles de Jesús Pereda y Marcelino, delantero del Real Zaragoza.

En 1968, la fase clasificatoria se convirtió en una miniliga. Los cuartos de final se disputaron a doble partido y los cuatro ganadores pasaron a la fase final que se celebró en Italia. Los *Azzurri* se clasificaron para la final gracias al lanzamiento de una moneda, desenlace al que se llegó tras acabar la prórroga con empate a 0 frente a la Unión Soviética. En la final, los italianos se impusieron a Yugoslavia por 2-0, con goles de Luigi Riva y Pietro Anastasi, en la única final que tuvo que disputarse dos veces, tras acabar en empate el primer enfrentamiento.

La Unión Soviética alcanzó su tercera final en 1972, pero no fue rival para Alemania Occidental y Gerd Müller, quien marcó dos goles en la final en la que los germanos se impusieron por 3-0. La defensa del título de los alemanes terminó de forma dramática en 1976 en Yugoslavia. Un emblemático penalti transformado por Antonín Panenka en la tanda de penaltis de la final dio la victoria a Checoslovaquia por 5-3 tras finalizar los 90 minutos con empate a 2.

La edición de 1980 supuso el pistoletazo de salida a la evolución del formato hacia una fase final de ocho equipos, que se disputó en Italia. Alemania Occidental logró imponerse. En 1984, Francia se alzó con su primer título gracias a su capitán Michel Platini, autor de nueve goles. Los siguientes campeones fueron Países Bajos, en 1988, y una sorprendente Dinamarca, sustituta a última hora de la suspendida Yugoslavia, en 1992.

La edición de 1996, celebrada en Inglaterra, acogió la primera fase final con 16 equipos. Alemania logró su tercer y último torneo hasta la fecha con un estilo espectacular. Se impuso a los anfitriones en la tanda de penaltis de semifinales y, en la final, derrotó a la República Checa por 2-1 con un gol de oro.

El experimento del gol de oro suponía proclamar ganador de un partido al que anotara el primer tanto en la prórroga. Cuatro años más tarde, volvió a ser decisivo cuando Francia derrotó a Italia con un gol de oro de David Trezeguet en la final disputada en Rotterdam. En 2004, el gol de oro se sustituyó por el gol de plata, que permitía prolongar el partido hasta el siguiente descanso programado. Grecia lo aprovechó con creces. Derrotó a la República Checa con un gol de plata en semifinales, antes de aguar la fiesta a la anfitriona Portugal al derrotarla por 1-0 en la final disputada en Lisboa.

Los goles tanto de oro como de plata se descartaron para la edición de 2008, disputada en Austria y en Suiza, donde España derrotó a Alemania por 1-0 en la final. Los hombres del seleccionador Luis Aragonés fueron la segunda selección (después de Francia en 1984) que consiguió ganar todos sus partidos de la fase final, tanto en el grupo inicial como en las eliminatorias decisivas. El portero y capitán Iker Casillas y sus compañeros lograron encadenar un extraordinario triple éxito para España. Vicente del Bosque sucedió a Aragonés y condujo a España a la victoria en la Copa Mundial de la FIFA 2010 y a revalidar la EURO, esta vez disputada en Polonia y Ucrania en 2012. Los españoles derrotaron a Italia por 4-0 en la final de Kiev con goles de David Silva, Jordi Alba, Fernando Torres y Juan Mata.

La fase final de 2016 contó por primera vez con 24 equipos y supuso la segunda ocasión en que un anfitrión, en esta ocasión Francia, caía derrotado en la final. Portugal y su estrella Cristiano Ronaldo se resarcieron de 2004 al derrotar al equipo galo por 1-0 en la prórroga.

Nadie podía intuir en ese momento la época tan complicada que se avecinaba. La celebración del 60.º aniversario del torneo mediante la organización de la fase final de 2020 por toda Europa se vio interrumpida por la pandemia de la COVID-19. La fase final tuvo que aplazarse hasta 2021, e incluso entonces se jugó con la restricción de espectadores en las 11 ciudades anfitrionas.

Ello no restó emoción a la fase eliminatoria, que se saldó con cuatro tandas de penaltis y otras cuatro prórrogas. Italia se impuso en la tanda de penaltis a España en semifinales y a la anfitriona Inglaterra en la final. «Hemos logrado algo extraordinario», declaró el guardameta Gianluigi Donnarumma tras la final, haciéndose eco de los ganadores a lo largo de los 61 años de historia de la EURO.

IZQUIERDA: Los jugadores griegos saborean su sorprendente victoria en la EURO 2004.

DERECHA: El osito Albärt fue elegido el año pasado mascota de la EURO 2024.

LAS SEDES

Las diez ciudades que acogerán a los aficionados en la EURO 2024 cuentan con una larga experiencia en la organización de eventos futbolísticos, como la EURO 1988 o las ediciones de 1974 y 2006 de la Copa Mundial de la FIFA. La presente edición arrancará en el estadio del mítico Bayern de Múnich y alcanzará su punto álgido en el Estadio Olímpico de Berlín.

1. BERLÍN (ESTADIO OLÍMPICO DE BERLÍN)
2. COLONIA (ESTADIO DE COLONIA)
3. DORTMUND (ESTADIO BVB DE DORTMUND)
4. DÜSSELDORF (DÜSSELDORF ARENA)
5. FRÁNCFORT (FRÁNCFORT ARENA)
6. GELSENKIRCHEN (ARENA AUFSCHALKE)
7. HAMBURGO (VOLKSPARKSTADION DE HAMBURGO)
8. LEIPZIG (ESTADIO DE LEIPZIG)
9. MÚNICH (MUNICH FOOTBALL ARENA)
10. STUTTGART (STUTTGART ARENA)

BERLÍN

ESTADIO OLÍMPICO DE BERLÍN

CAPACIDAD: 71 000 espectadores
PARTIDOS: 15 de junio: B1 vs. B2, 21 de junio: D1 vs. D3, 25 de junio: D2 vs. D3, 29 de junio: Octavos de final, 6 de julio: Cuartos de final y 14 de julio: Final

El Estadio Olímpico de Berlín, uno de los recintos deportivos con más historia del mundo, albergará seis partidos, incluida la final. Se construyó en los alrededores del Olympiapark tras la elección de la ciudad por el Comité Olímpico Internacional en 1931 para albergar los Juegos de 1936. El club de fútbol local, el Hertha BSC, se trasladó al estadio al crearse la Bundesliga en 1963 y, once años más tarde, albergó tres partidos de la Copa Mundial de la FIFA 1974. Tras una importante remodelación en 2004 para la Copa Mundial 2006, albergó seis partidos, entre ellos la final. Fue también el escenario en el que el FC Barcelona derrotó a la Juventus FC por 3-1 en la final de la Liga de Campeones de la UEFA en 2015.

COLONIA

ESTADIO DE COLONIA

CAPACIDAD: 43 000 espectadores
PARTIDOS: 15 de junio: A3 vs. A4, 19 de junio: A2 vs. A4, 22 de junio: E1 vs. E3, 25 de junio: C4 vs. C1 y 30 de junio: Octavos de final

En este estadio se jugarán cinco partidos. El recinto es el sucesor del Estadio Müngersdorfer, que fue durante mucho tiempo la sede del FC Colonia. El Sportpark Müngersdorf original se construyó entre 1921 y 1923, y fue el recinto deportivo más grande de Alemania hasta que se remató el Estadio Olímpico de Berlín en 1936. En 1975 se inauguró un nuevo recinto con capacidad para 61 000 espectadores que albergó dos partidos de la EURO 1988. En 2004 se inauguró otro estadio solo para la práctica del fútbol. En él se disputaron cuatro partidos de la fase de grupos y uno de octavos de final de la Copa Mundial de la FIFA dos años más tarde. La remodelación con vistas a la EURO 2024 ha aumentado la capacidad de la grada superior.

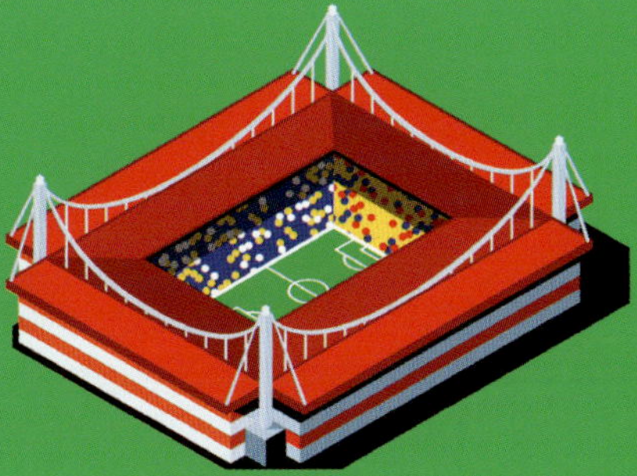

DORTMUND

STADIO BVB DE DORTMUND

CAPACIDAD: 62 000 espectadores
PARTIDOS: 15 de junio: B3 vs. B4, 18 de junio: F1 vs. F2, 22 de junio: F1 vs. F3, 25 de junio: D4 vs. D1, 29 de junio: Octavos de final y 10 de julio: Semifinal

Dortmund acoge seis partidos, incluida una semifinal. El aforo del estadio es de 62 000 localidades, aunque para la competición nacional puede superar las 80 000. La tribuna sur, con capacidad para 25 000 espectadores y conocida como Gelbe Wand (el Muro Amarillo), es la mayor grada de este tipo del fútbol europeo. Se inauguró en 1974, cuando albergó cuatro partidos de la Copa Mundial de la FIFA. En 2006, se jugaron seis nuevos encuentros cuando el Mundial regresó a Alemania, momento en el que ya se habían añadido cuatro nuevas tribunas. Entre estos partidos figura la derrota de los anfitriones por 0-2 en semifinales ante Italia, que acabó campeona del mundo.

DÜSSELDORF

DÜSSELDORF ARENA

CAPACIDAD: 47 000 espectadores
PARTIDOS: 17 de junio: D3 vs D4, 21 de junio: E2 vs E4, 24 de junio: B4 vs B1, 1 de julio: Octavos de final y 6 de julio: Cuartos de final

Düsseldorf albergará cinco partidos de la EURO 2024. El estadio actual, con techo retráctil, se inauguró en 2005 tras la demolición del Rheinstadion original, que había albergado cinco partidos de la Copa Mundial de la FIFA 1974. En particular, en este estadio se celebró la segunda eliminatoria de la fase de grupos, en la que Alemania Occidental se impuso a Suecia por 4-2 y encarriló su andadura, que a la postre fue un éxito. En 2020, Düsseldorf albergó un partido de cuartos de final y otro de semifinales a puerta cerrada de la edición de la UEFA Europa League marcada por la pandemia. También ha acogido célebres conciertos de superestrellas del mundo del espectáculo como Madonna, los Rolling Stones y Bruce Springsteen.

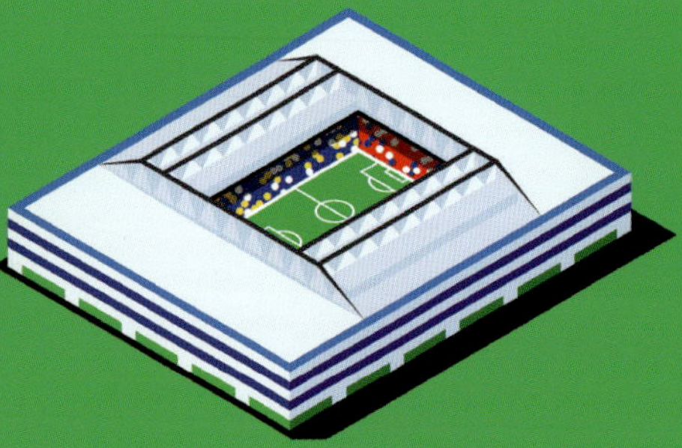

FRÁNCFORT

FRÁNCFORT ARENA

CAPACIDAD: 47 000 espectadores
PARTIDOS: 17 de junio: E1 vs. E2, 20 de junio: C2 vs. C4, 23 de junio: A4 vs. A1, 26 de junio: E2 vs. E3 y 1 de julio: Octavos de final

La ciudad de Fráncfort es la capital administrativa del fútbol alemán. Su estadio albergará cinco partidos de la EURO 2024, lo que refuerza el carácter histórico del recinto. El Waldstadion original se inauguró en 1925 y, en la década de 1950, se llevó a cabo una gran remodelación que aumentó la capacidad del campo del Eintracht Fráncfort hasta los 81 000 aficionados. Con motivo de la Copa Mundial de la FIFA 1974, el estadio volvió a vivir una remodelación y, posteriormente, se volvió a remodelar para la EURO 1988.
Como no hay dos sin tres, el estadio tuvo otra remodelación para la Copa Mundial 2006, y ahora cuenta con un techo retráctil.

GELSENKIRCHEN

ARENA AUFSCHALKE

CAPACIDAD: 50 000 espectadores
PARTIDOS: 16 de junio: C3 vs. C4, 20 de junio: B1 vs. B3, 26 de junio: F2 vs. F3 y 30 junio: Octavos de final

El estadio del FC Schalke 04 en Gelsenkirchen albergará cuatro partidos. Terminado en agosto de 2001, este recinto multifuncional cuenta con un techo retráctil, una superficie de juego desmontable y tiene capacidad para 79 612 aficionados, incluidos los que permanecen de pie. El Arena AufSchalke es el tercer gran recinto de Gelsenkirchen, tras la remodelación del histórico Glückauf-kampfbahn original y del Parkstadion (construido para albergar cinco partidos de la Copa Mundial de la FIFA 1974). En 2004, el FC Porto se impuso por 3-0 al AS Mónaco en la final de la Liga de Campeones de la UEFA. Dos años más tarde, el estadio albergó cinco partidos de la Copa Mundial 2006, incluido el Portugal-Inglaterra de cuartos de final, en el que Portugal se impuso por 3-1 en la tanda de penaltis.

HAMBURGO

VOLKSPARKSTADION DE HAMBURGO

CAPACIDAD: 49 000 espectadores
PARTIDOS: 16 de junio: D1 vs. D2, 19 de junio: B2 vs. B4, 22 de junio: F2 vs. F4, 26 de junio: F4 vs. F1 & 5 de julio: Cuartos de final

El Volksparkstadion de Hamburgo es uno de los estadios de fútbol más famosos de Europa y albergará cinco partidos. El estadio original, el Altonaer Stadium, se inauguró en 1925 con capacidad para 50 000 espectadores. Fue escenario de la victoria del Hamburgo S.V. en el campeonato alemán de 1928. La reconstrucción de 1953 aumentó su aforo a 76 000 localidades, convirtiéndolo en el estadio con mayor capacidad de Alemania Occidental. Con la creación de la Bundesliga en 1963, el Hamburgo abandonó su antiguo estadio de Rothenbaum por el Volkparkstadion. Con motivo de la Copa Mundial de la FIFA 1974 y de la EURO 1988, se llevaron a cabo importantes obras de remodelación. Seis años más tarde, la Copa Mundial regresó a Hamburgo con cinco partidos.

LEIPZIG

ESTADIO DE LEIPZIG

CAPACIDAD: 40 000 espectadores
PARTIDOS: 18 de junio: F3 vs. F4, 21 de junio: D2 vs. D4, 24 de junio: B2 vs. B3 y 2 de julio: Octavos de final

Cuatro partidos de la EURO 2024 se disputarán en este estadio, sede desde 2010 del RB Leipzig. El estadio actual se construyó para albergar cuatro partidos de la Copa Mundial de la FIFA 2006 y ocupa el espacio del antiguo Zentralstadion, con capacidad para 100 000 espectadores (la selección nacional de Alemania Oriental jugó 48 partidos allí entre 1957 y 1989). En 1998, la ciudad de Leipzig decidió demoler el antiguo estadio y construir en su emplazamiento el nuevo recinto específico para el fútbol, inaugurado en 2004. La ampliación para dotarlo de su capacidad actual se llevó a cabo entre 2019 y 2021. Las obras incluyeron nuevas vías de acceso y pasarelas peatonales.

MÚNICH
MUNICH FOOTBALL ARENA

CAPACIDAD: 66 000 espectadores
PARTIDOS: 14 de junio: A1 vs. A2, 17 de junio: E3 vs. E4, 20 de junio: C1 vs. C3, 25 de junio: C2 vs. C3, 2 de julio: Octavos de final y 9 de julio: Semifinal

El hogar del Bayern de Múnich, campeón histórico de la liga alemana, acogerá seis partidos. Se terminó de construir en 2005, un año antes del inicio de la Copa Mundial de la FIFA. Antes, el Bayern había disputado sus partidos de competición nacional y europea en el estadio de los Juegos Olímpicos de 1974. La envoltura exterior del estadio fue la primera de Europa que cambiaba de color. Se disputaron seis partidos de la fase final de la Copa Mundial 2006. El Bayern y el Múnich 1860 eran los copropietarios originales antes de que el Bayern se convirtiera en propietario único en 2006. En 2012, albergó la final de la Liga de Campeones de la UEFA, en la que el Bayern perdió contra el Chelsea FC.

STUTTGART
STUTTGART ARENA

CAPACIDAD: 51 000 espectadores
PARTIDOS: 16 de junio: C1 vs. C2, 19 de junio: A1 vs. A3, 23 de junio: A2 vs. A3, 26 de junio: E4 vs. E1 y 5 de julio: Cuartos de final

Stuttgart albergará cinco partidos de la EURO 2024. La historia del estadio se remonta a 1933 y, en 1949, recibió el nombre de Neckarstadion en honor al río local. El club local, el VfB Stuttgart, ha jugado todos sus partidos de la liga alemana en este estadio desde que se convirtió en miembro fundador de la Bundesliga en 1963. Su rival local, el Stuttgarter Kickers, también ha jugado aquí sus partidos de la Bundesliga. Stuttgart albergó cuatro partidos de la Copa Mundial de la FIFA 1974 y dos de la EURO 1988, incluida la derrota por 2-0 de Italia ante la Unión Soviética en semifinales. Ocho años más tarde, Stuttgart acogió seis partidos de la Copa Mundial 2006, incluido el partido por el tercer puesto en el que Alemania derrotó a Portugal por 3-1.

UEFA EURO2024 GERMANY

1960

Momentos mágicos:

EL VICTORIOSO VICKTOR

10 DE JULIO DE 1960 / PARÍS

Viktor Ponedelnik hizo honor a su nombre en la victoria de la Unión Soviética en la edición inaugural de la Copa de Naciones celebrada en Francia. Ponedelnik tenía 23 años y era el delantero estrella del SKA Rostov del Don. En su debut con la selección nacional, en mayo de 1960, marcó un triplete contra Polonia en un amistoso y se aseguró un puesto en el equipo que disputaría la fase final del torneo. En Francia, Ponedelnik marcó el último gol de la Unión Soviética en la semifinal contra Checoslovaquia (3-0) en Marsella, y remató su participación anotando el tanto de la victoria por 2-1 contra Yugoslavia en la final de París. Aquel partido se prolongó hasta la prórroga, así que fue de hecho el lunes, hora de Moscú, cuando Ponedelnik hizo historia. Se retiró con un total de 20 goles en 29 partidos internacionales con la Unión Soviética y, posteriormente, se convirtió en un destacado periodista deportivo y editor.

DERECHA: El defensa yugoslavo Vladimir Durković evita la incursión del delantero soviético Viktor Ponedelnik en la final de 1960 disputada en el Parque de los Príncipes de París.

DUBONNET
L'EQUIPE
Vespa

EL CAMINO HACIA LA FINAL

Alrededor de 53 selecciones de la familia del fútbol europeo iniciaron a principios de 2022 la fase de clasificación para la UEFA EURO 2024 con sueños de gloria. Para algunas naciones, esto significaba el primer paso crucial para unirse en la fase final a la selección alemana, clasificada directamente como anfitriona; para otras, la oportunidad de sorprender a alguno de los gigantes del fútbol europeo. Las sorpresas y la emoción estaban más que garantizadas.

FASE DE CLASIFICACIÓN
GRUPOS A, B, C y D

GRUPO A

- Chipre
- Georgia
- Noruega
- Escocia
- España

España, que acabó primera de grupo, y Escocia, como segunda, lograron clasificarse en el grupo A para la fase final. España solo perdió un encuentro, 2-0 en la segunda jornada contra Escocia. El jugador del Manchester United Scott McTominay fue el autor de ambos tantos. El equipo entrenado por Steve Clarke luego ganó 1-2 en Noruega y 2-0 en casa contra Georgia para terminar la campaña de primavera en la primera posición, con cuatro victorias en cuatro encuentros. España retomó la competición en otoño con fuerza. Se impuso por 1-7 en Georgia, con un triplete de Álvaro Morata, goleó 6-0 a Chipre en casa y, a continuación, ganó 2-0 a Escocia para hacerse con el control del grupo. Morata y el centrocampista del Athletic Club Oihan Sancet marcaron los goles cruciales en los minutos finales en Sevilla. Tanto España como Escocia se aseguraron la clasificación a falta de dos jornadas. España lo logró gracias a un gol de Gavi en la segunda parte contra Noruega que supuso el definitivo 0-1. Noruega allanó la clasificación escocesa al no sumar puntos y Escocia se clasificó sin tener que esperar a jugar su encuentro, logrando alcanzar la fase final por segundo año consecutivo. Georgia, en cuarto lugar, se clasificó para los playoffs gracias a su resultado en la Liga de Naciones de la UEFA. Noruega y el prolífico Erling Haaland quedaron eliminados a pesar de terminar en tercer lugar. McTominay fue el máximo goleador del grupo con siete tantos.

DERECHA: El escocés Scott McTominay fue el máximo goleador del Grupo A con siete tantos.

GRUPO B

- Francia
- Gibraltar
- Grecia
- Países Bajos
- República de Irlanda

Francia, tras su reciente derrota en los penaltis ante Argentina en la final de la Copa Mundial de la FIFA 2022 disputada en Catar, volvió a demostrar su poderío y ambición al dominar el Grupo B desde el principio. La selección gala se impuso en sus siete primeros partidos y solo cedieron un empate a 2 en su visita a Grecia en la última jornada. Completó invicta la fase de clasificación, cuatro puntos por delante de los Países Bajos. Grecia contará con una última bala en los playoffs gracias a su buen rendimiento en la Liga de Naciones. La selección de Didier Deschamps terminó con una impresionante diferencia de goles de +26, gracias en gran medida a la victoria por 14-0 sobre Gibraltar en Niza. Este resultado supuso el récord tanto de Francia como de la competición. Uno de los grandes artífices de la goleada fue el capitán Kylian Mbappé, quien logró un triplete, junto a Kingsley Coman y a Olivier Giroud, con dos goles cada uno. El jugador del Paris Saint-Germain Warren Zaire-Emery se convirtió en el debutante más joven de Francia con 17 años y ocho meses, y además logró anotar un gol. Los Países Bajos empezaron su andadura con una contundente derrota por 4-0 en Francia, aunque lograron reaccionar y solo cayeron una vez más, 1-2 de nuevo ante Francia, esta vez en casa. Mbappé fue el máximo goleador del grupo con nueve dianas, cinco más que el griego Georgios Masouras.

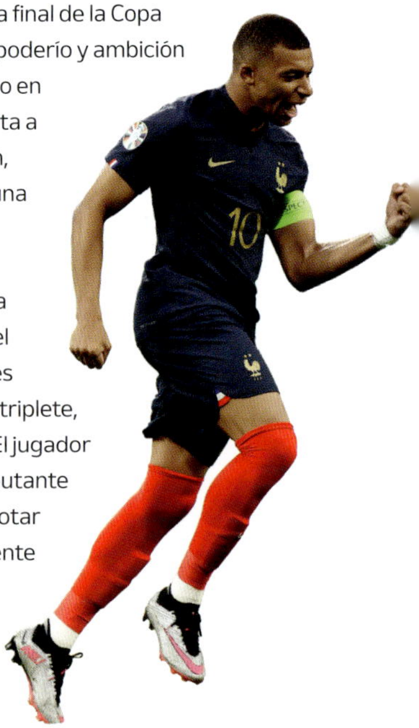

DERECHA: El capitán de Francia, Kylian Mbappé, fue el máximo goleador del Grupo B con nueve tantos.

GRUPO C

- Inglaterra
- Italia
- Malta
- Macedonia del Norte
- Ucrania

El Grupo C se antojaba muy disputado, con los actuales campeones europeos, Italia; Inglaterra, que cayó en la tanda de penaltis de la final de la UEFA EURO 2020; y Ucrania. Italia no guardaba un buen recuerdo de sus enfrentamientos contra Macedonia del Norte, quien los eliminó en el camino a la fase final de la Copa Mundial de la FIFA 2022. Inglaterra consiguió liderar el grupo de principio a fin, terminando seis puntos por delante de Italia. En un emocionante desenlace, los *Azzurri* se clasificaron en segundo lugar por delante de Ucrania gracias a los resultados de sus enfrentamientos directos. En cambio, Inglaterra se aseguró la clasificación a falta de dos encuentros después de vencer a Italia 3-1 en Wembley. Inglaterra concedió un gol temprano, obra de Gianluca Scamacca, antes de remontar con goles del capitán Harry Kane (dos) y Marcus Rashford para lograr la primera victoria en casa contra Italia desde 1977. Este triunfo se unió al logrado en el encuentro de la ida en Italia, que supuso la primera victoria inglesa en tierras italianas desde 1961. El segundo gol de Kane fue su 24.º tanto con su selección en Wembley, superando el récord anterior de sir Bobby Charlton. En la última jornada, Italia consiguió clasificarse gracias a un tenso empate 0-0 contra Ucrania, favorecida por los resultados en sus enfrentamientos directos. Ucrania tuvo que consolarse con un lugar en los playoffs de repesca.

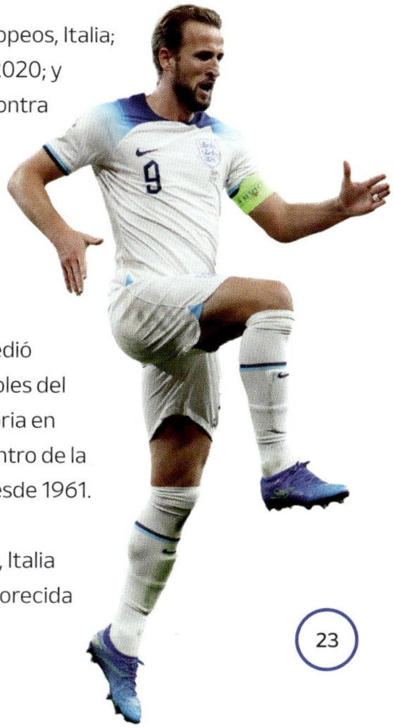

DERECHA: Harry Kane lideró a Inglaterra, siendo el máximo goleador del Grupo C con ocho tantos.

GRUPO D

- Armenia
- Croacia
- Letonia
- Turquía
- Gales

El Grupo D se desarrolló de forma muy disputada e impredecible antes de que Turquía lograra auparse a la primera posición, superando a Croacia, que había terminado tercera en la Copa Mundial 2022. Gales, que había logrado clasificarse para la EURO 2016 y 2020, así como para la Copa Mundial disputada en Catar, fue perdiendo fuelle y tuvo que conformarse con un lugar en los playoffs gracias a su actuación en la Liga de Naciones. Turquía comenzó su andadura para alcanzar la fase final por tercera vez consecutiva con una victoria por 1-2 en Armenia, pero luego cayó 0-2 en casa ante Croacia con dos tantos de Mateo Kovačić en la primera mitad. Turquía reaccionó y se impuso a Letonia y a Gales, antes de dar un paso decisivo hacia Alemania ganado 0-1 en Croacia gracias a un gol del jugador del Galatasaray Barış Alper Yılmaz. Gales mantuvo sus esperanzas de clasificación directa tras derrotar a Croacia en Cardiff con dos goles del extremo del Fulham Harry Wilson, que le dieron la victoria por 2-1 ante el equipo de Luka Modrić y sus hombres. Sin embargo, los galeses se estancaron definitivamente tras concluir la fase de grupos con sendos empates a 1 tanto en Armenia como en casa ante Turquía. El croata Andrej Kramarić, que juega en el TSG 1899 Hoffenheim de Alemania, terminó como máximo goleador del grupo con cuatro tantos.

DERECHA: Andrej Kramarić fue el máximo goleador del Grupo D con cuatro de los 13 goles de Croacia.

FASE DE CLASIFICACIÓN
GRUPOS E, F, G y H

GRUPO E

- Albania
- República Checa
- Islas Feroe
- Moldavia
- Polonia

Polonia partía como favorita en el Grupo E. Había llegado a octavos de final en la Copa Mundial de la FIFA de Catar y contaba con el prolífico Robert Lewandowski, goleador en la Bundesliga alemana y en LaLiga. Sin embargo, el fútbol es un juego de equipo y, al final, las actuaciones más regulares fueron la de Albania y la de la histórica finalista República Checa, que se clasificaron en primer y segundo lugar. Polonia y Lewandowski tuvieron que conformarse con una nueva oportunidad de clasificación en la repesca. Albania solo había llegado una vez a la fase final de la EURO, en 2016, y comenzó la fase de clasificación con una derrota por 1-0 en Polonia. Después, los albaneses tomaron impulso para ganar cuatro y empatar dos de los seis partidos siguientes, asegurándose la clasificación con un empate 1-1 en su visita a Moldavia. Albania abrió el marcador en el minuto 25 con un penalti transformado por Sokol Cikalleshi, y no concedió el empate hasta los últimos minutos, obra de Vladyslav Baboglo. Los hombres del seleccionador Sylvinho se aferraron al primer puesto con un empate sin goles en casa contra Islas Feroe. Los sueños de Moldavia se hicieron añicos tras perder 3-0 ante la República Checa, que se hizo con el segundo lugar del grupo. El máximo goleador del grupo, con cuatro tantos, fue el moldavo Ion Nicolaescu.

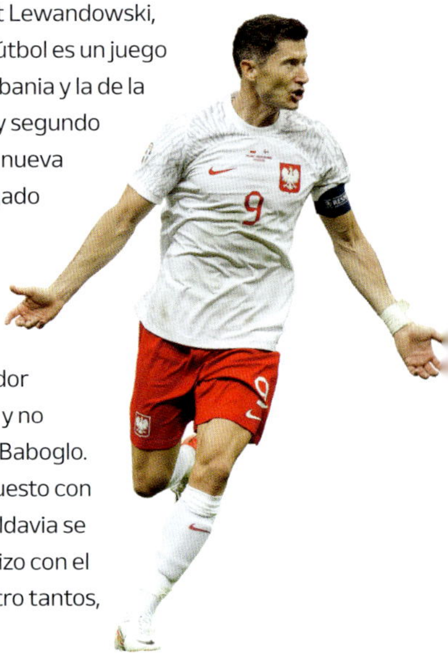

DERECHA: Sorprendentemente, el polaco Robert Lewandowski no fue el máximo goleador de su grupo. En esta ocasión, se vio superado por el moldavo Ion Nicolaescu, con cuatro goles.

GRUPO F

- Austria
- Azerbaiyán
- Bélgica
- Estonia
- Suecia

Bélgica y Austria gozaron de una clasificación relativamente sencilla y se hicieron con las dos primeras posiciones del grupo. Suecia, que partía como una de las favoritas para lograr uno de los dos puestos, quedó eliminada a pesar de terminar en tercer lugar. Su último partido, a domicilio contra Bélgica, se suspendió en el descanso después del trágico tiroteo de dos aficionados suecos en un ataque terrorista en Bruselas. El marcador parcial de 1-1 fue ratificado por la UEFA ya que el partido no tenía relevancia para la clasificación. Bélgica fue una de las tres primeras naciones en clasificarse para la fase final, junto con Francia y Portugal. Una victoria por 2-3 en Austria aseguró su clasificación matemática para Alemania a falta de dos encuentros. Romelu Lukaku, quien anotó el gol definitivo para Bélgica, terminó con un total de 14 tantos, incluidos los cuatro que logró en la goleada por 5-0 sobre Azerbaiyán. La cosecha de Lukaku supuso un récord en una fase de clasificación para la EURO, superando los 13 tantos de David Healy de Irlanda del Norte en 2008 y del polaco Robert Lewandowski en 2016. Austria terminó un punto por detrás de Bélgica después de que el equipo entrenado por Ralf Rangnick ganara su último partido por 0-2 en Estonia. El combinado de Estonia, a pesar de terminar último del grupo, se clasificó para los playoffs gracias a su actuación en la Liga de Naciones de la UEFA.

DERECHA: Con 14 tantos, el belga Romelu Lukaku fue el máximo goleador tanto del Grupo F como de toda la fase de clasificación.

GRUPO G

- Bulgaria
- Hungría
- Lituania
- Montenegro
- Serbia

DERECHA: El serbio Aleksandar Mitrović lideró la tabla de goleadores del Grupo G con cinco tantos.

Hungría y Serbia se clasificaron para la fase final del torneo en un grupo formado por cinco selecciones, el único sin clasificados para la repesca. Marco Rossi, entrenador de Hungría, logró clasificarse para una EURO por tercera vez consecutiva, mientras que Serbia celebró su regreso a la fase final del torneo por primera vez desde que alcanzara los cuartos de final como Serbia y Montenegro en 2000. Hungría empezó ganando cuatro de sus cinco primeros partidos en una fase de clasificación en la que, a la postre, logró acabar invicta. Las victorias más trascedentes fueron dos triunfos consecutivos por 2-1 contra Serbia, tanto en casa como a domicilio. El delantero del Ferencváros Barnabás Varga marcó en ambos partidos. Serbia tuvo que esperar hasta la última jornada para asegurarse la clasificación con un empate 2-2 en casa contra Bulgaria, mientras que Montenegro, que le iba a la zaga, cayó 3-1 en Hungría, donde el capitán Dominik Szoboszlai logró un doblete. En Belgrado, Serbia se adelantó contra Bulgaria con un cabezazo de Milos Veljković, pero dos goles de los búlgaros le dieron la vuelta al marcador, antes de que Serbia lograra el gol del empate definitivo en el minuto 82 con otro cabezazo de Srđjan Babić. Bulgaria terminó última de grupo, con Montenegro y Lituania en tercer y cuarto lugar. El serbio Aleksandar Mitrović fue el máximo goleador del grupo con cinco goles.

GRUPO H

- Dinamarca
- Finlandia
- Kazajistán
- Irlanda del Norte
- San Marino
- Eslovenia

DERECHA: El delantero danés Rasmus Højlund fue el máximo goleador del Grupo H con siete tantos.

El Grupo H fue el más reñido de la fase de clasificación. Solo cuatro puntos separaron a los cuatro primeros clasificados. Tanto las dos primeras posiciones, que finalmente ocuparon Dinamarca y Eslovenia, como la tercera y la cuarta, que lograron Finlandia y Kazajistán, tuvieron que decidirse mediante los resultados de sus enfrentamientos directos y diferencia de goles, respectivamente. Dinamarca, semifinalista en la EURO 2020 y asidua participante de los torneos importantes, partía como favorita, pero no lo tuvo nada fácil a pesar de comenzar la fase de grupos con una victoria por 3-1 sobre Finlandia gracias a un triplete de su joven delantero Rasmus Højlund. En los encuentros siguientes, los daneses perdieron 3-2 en Kazajistán, vencieron a Irlanda del Norte por un 1-0 y luego empataron 1-1 en Eslovenia. El equipo del entrenador Kasper Hjulmand ganó los cinco siguientes partidos para asegurarse el primer puesto gracias a una victoria en casa por 2-1 sobre Eslovenia. Joakim Mæhle y Thomas Delaney marcaron los goles. Eslovenia se clasificó en segundo lugar tras una victoria por 2-1 sobre Kazajistán con goles de Benjamin Šeško (de penalti) y Benjamin Verbič. La única aparición de Eslovenia en las fases finales europeas fue en 2000, mientras que su última participación en un torneo importante fue en la Copa Mundial 2010. El máximo goleador del grupo fue el artillero danés Rasmus Højlund con siete goles.

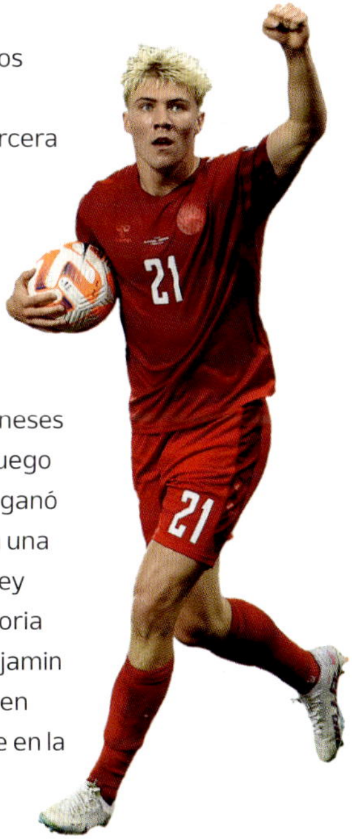

FASE DE CLASIFICACIÓN
GRUPOS I y J

GRUPO I

- Andorra
- Bielorrusia
- Israel
- Kosovo
- Rumanía
- Suiza

Rumanía se clasificó brillantemente para la fase final tras acabar invicta en la fase de clasificación. Dejaron claras sus intenciones tras lograr un empate 2-2 a domicilio contra el rival más peligroso del grupo, Suiza, en el último partido de la campaña de primavera. Suiza ganaba 2-0 en Lucerna a falta de escasos minutos para el final, cuando Valentin Mihăilă logró anotar dos tantos, el último a los dos minutos del tiempo añadido, logrando mantener el impecable récord de Rumanía. Ya en los partidos disputados en otoño, Rumanía logró asegurarse la clasificación a falta de dos partidos con una victoria por 2-1 sobre Israel. Eran Zahavi había abierto el marcador que hacía soñar a Israel con su clasificación directa, pero Rumanía respondió con goles de George Pușcaș y Ianis Hagi para alcanzar su primera fase final de un gran torneo desde 2016. En la misma jornada, Suiza aseguró su clasificación para Alemania a pesar de ceder un empate a 1 en casa contra Kosovo. Posteriormente, Rumanía se aseguró el primer lugar del grupo al imponerse 1-0 a Suiza en el último encuentro con un gol en la segunda mitad del jugador Denis Alibec. Israel se clasificó para los playoffs gracias a su rendimiento en la Liga de Naciones de la UEFA. El máximo goleador del grupo fue el suizo Zeki Amdouni, con seis goles.

DERECHA: El suizo Zeki Amdouni fue el máximo goleador del Grupo I con seis tantos.

GRUPO J

- Bosnia y Herzegovina
- Islandia
- Liechtenstein
- Luxemburgo
- Portugal
- Eslovaquia

Liechtenstein fue la única de las seis selecciones del Grupo J que concluyó su participación sin esperanza de poder clasificarse para Alemania. Portugal y Eslovaquia se clasificaron directamente para la UEFA EURO 2024 al copar las dos primeras posiciones del grupo, mientras que Luxemburgo, Islandia y Bosnia y Herzegovina lograron acceder a las eliminatorias de repesca gracias a su rendimiento en la Liga de Naciones. Portugal fue uno de los seis equipos de todos los grupos que completó su calendario invicto y, además, fue la única selección en ganar todos sus partidos. También fueron los máximos goleadores, con 36 goles en sus diez encuentros, gracias en gran medida a la victoria récord por 9-0 sobre Luxemburgo en un encuentro disputado en Lisboa. El barcelonista João Félix aseguró el récord con un gol a falta de dos minutos del final, después de que Gonçalo Inácio, Gonçalo Ramos y Diogo Jota anotaran dos veces cada uno. Ricardo Horta y Bruno Fernandes completaron la goleada. La victoria más abultada hasta la fecha de Portugal había sido un 8-0, logrado en tres ocasiones, dos veces contra Liechtenstein (1994 y 1999) y una vez contra Kuwait en 2003. A pesar de perderse el partido por suspensión, Cristiano Ronaldo terminó como el máximo goleador del grupo con diez dianas. Eslovaquia, que solo perdió sus dos encuentros contra Portugal, terminó en segundo lugar con una cómoda ventaja de cinco puntos sobre Luxemburgo.

DERECHA: Cristiano Ronaldo volvió a mostrar sus dotes goleadores al anotar 10 tantos en el Grupo J.

RESOLUCIÓN DE LOS GRUPOS

GRUPO A

	PJ	G	E	P	GF	GC	DG	Pts
España	8	7	0	1	25	5	+20	21
Escocia	8	5	2	1	17	8	+9	17
Noruega	8	3	2	3	14	12	+2	11
Georgia	8	2	2	4	12	18	-6	8
Chipre	8	0	0	8	3	28	-25	0

Clasificadas para la fase final: **España** y **Escocia** • Accede a la repesca a través de la Liga de Naciones: **Georgia**.

GRUPO B

	PJ	G	E	P	GF	GC	DG	Pts
Francia	8	7	1	0	29	3	+26	22
Países Bajos	8	6	0	2	17	7	+10	18
Grecia	8	4	1	3	14	8	+6	13
República de Irlanda	8	2	0	6	9	10	-1	6
Gibraltar	8	0	0	8	0	41	-41	0

Clasificadas para la fase final: **Francia** y **Países Bajos** • Accede a la repesca a través de la Liga de Naciones: **Grecia**.

GRUPO C

	PJ	G	E	P	GF	GC	DG	Pts
Inglaterra	8	6	2	0	22	4	+18	20
Italia*	8	4	2	2	16	9	+7	14
Ucrania*	8	4	2	2	11	8	+3	14
Macedonia del Norte	8	2	2	4	10	20	-10	8
Malta	8	0	0	8	2	20	-18	0

*Puntos en enfrentamientos directos: **Italia 4**, **Ucrania 1** • Clasificadas para la fase final: **Inglaterra** e **Italia** • Accede a la repesca a través de la Liga de Naciones: **Ucrania**.

GRUPO D

	PJ	G	E	P	GF	GC	DG	Pts
Turquía	8	5	2	1	14	7	+7	17
Croacia	8	5	1	2	13	4	+9	16
Gales	8	3	3	2	10	10	0	12
Armenia	8	2	2	4	9	11	-2	8
Letonia	8	1	0	7	5	19	-14	3

Clasificadas para la fase final: **Turquía** y **Croacia** • Accede a la repesca a través de la Liga de Naciones: **Gales**.

GRUPO E

	PJ	G	E	P	GF	GC	DG	Pts
Albania*	8	4	3	1	12	4	+8	15
República Checa*	8	4	3	1	12	6	+6	15
Polonia	8	3	2	3	10	10	0	11
Moldavia	8	2	4	2	7	10	-3	10
Islas Feroe	8	0	2	6	2	13	-11	2

*Puntos en enfrentamientos directos: **Albania 4**, **República Checa 1** • Clasificadas para la fase final: **Albania** y **República Checa** • Accede a la repesca a través de la Liga de Naciones: **Polonia**.

GRUPO F

	PJ	G	E	P	GF	GC	DG	Pts
Bélgica**	8	6	2	0	22	4	+18	20
Austria	8	6	1	1	17	7	+10	19
Suecia**	8	3	1	4	14	12	+2	10
Azerbaiyán	8	2	1	5	7	17	-10	7
Estonia	8	0	1	7	2	22	-20	1

****El partido entre Bélgica y Suecia se suspendió con empate 1-1 al medio tiempo por razones de seguridad, y el marcador luego fue ratificado como definitivo.** • Clasificadas para la fase final: **Bélgica** y **Austria** • Accede a la repesca a través de la Liga de Naciones: **Estonia**.

GRUPO G

	PJ	G	E	P	GF	GC	DG	Pts
Hungría	8	5	3	0	16	7	+9	18
Serbia	8	4	2	2	15	9	+6	14
Montenegro	8	3	2	3	9	11	-2	11
Lituania	8	1	3	4	8	14	-6	6
Bulgaria	8	0	4	4	7	14	-7	4

Clasificadas para la fase final: **Hungría** y **Serbia**

GRUPO H

	PJ	G	E	P	GF	GC	DG	Pts
Dinamarca*	10	7	1	2	19	10	+9	22
Eslovenia*	10	7	1	2	20	9	+11	22
Finlandia**	10	6	0	4	18	10	+8	18
Kazajistán**	10	6	0	4	16	12	+4	18
Irlanda del Norte	10	3	0	7	9	13	-4	9
San Marino	10	0	0	10	3	31	-28	0

*Puntos en enfrentamientos directos: **Dinamarca 4**, **Eslovenia 1** • **Diferencia general de goles en el grupo: **Finlandia +8**, **Kazajistán +4** • Clasificadas para la fase final: **Dinamarca** y **Eslovenia** • Acceden a la repesca a través de la Liga de Naciones: **Finlandia** y **Kazajistán**.

GRUPO I

	PJ	G	E	P	GF	GC	DG	Pts
Rumanía	10	6	4	0	16	5	+11	22
Suiza	10	4	5	1	22	11	+11	17
Israel	10	4	3	3	11	11	0	15
Bielorrusia	10	3	3	4	9	14	-5	12
Kosovo	10	2	5	3	10	10	0	11
Andorra	10	0	2	8	3	20	-17	2

Clasificadas para la fase final: **Rumanía** y **Suiza** • Accede a la repesca a través de la Liga de Naciones: **Israel**.

GRUPO J

	PJ	G	E	P	GF	GC	DG	Pts
Portugal	10	10	0	0	36	2	+34	30
Eslovaquia	10	7	1	2	17	8	+9	22
Luxemburgo	10	5	2	3	13	19	-6	17
Islandia	10	3	1	6	17	16	+1	10
Bosnia y Herzegovina	10	3	0	7	9	20	-11	9
Liechtenstein	10	0	0	10	1	28	-27	2

Clasificadas para la fase final: **Portugal** y **Eslovaquia** • Acceden a la repesca a través de la Liga de Naciones: **Luxemburgo**, **Islandia** y **Bosnia y Herzegovina**.

MÁXIMOS GOLEADORES

14 goles:	**Romelu Lukaku** (Bélgica)
10 goles:	**Cristiano Ronaldo** (Portugal)
9 goles:	**Kylian Mbappé** (Francia)
8 goles:	**Harry Kane** (Inglaterra)
7 goles:	**Rasmus Højlund** (Dinamarca)
	Scott McTominay (Escocia)
6 goles:	**Erling Haaland** (Noruega)
	Bruno Fernandes (Portugal)
	Zeki Amdouni (Suiza)
5 goles:	**Georgios Masouras** (Grecia)
	Gerson Rodrigues (Luxemburgo)
	Aleksandar Mitrović (Serbia)
	Benjamin Šeško (Eslovenia)

PLAYOFFS DE REPESCA DE LA EURO 2024

La creciente importancia de la Liga de Naciones de la UEFA, creada en 2017, se ha visto refrendada por su papel capital para determinar los playoffs de repesca previos a los grandes torneos.

Inicialmente, las 53 selecciones que forman parte de la UEFA se distribuyeron en diez grupos, con siete grupos de cinco equipos y tres de seis. La fase de clasificación se disputó en miniligas organizadas durante los recesos internacionales de 2023, en marzo, junio, septiembre, octubre y noviembre.

Los ganadores de grupo y los subcampeones se clasificaron directamente para la fase final del torneo, uniéndose a la selección anfitriona, Alemania. Por consiguiente, faltaban tres plazas por designar, que se decidirían en los playoffs de repesca celebrados en marzo de 2024. Se habían ganado un puesto en esta repesca los 12 equipos que lograron imponerse en sus respectivos grupos dentro de las Ligas de Naciones A, B y C, o, si ya se habían clasificado, el siguiente combinado mejor clasificado de su liga.

Por consiguiente, estos 12 combinados participaron en el sorteo de los playoffs que se celebró en la Casa del Fútbol Europeo en Nyon, Suiza, el 23 de noviembre de 2023.

El concepto de la Liga de Naciones fue propuesto inicialmente en 2011 como una atractiva propuesta para cubrir los huecos del calendario internacional tanto competitiva como financieramente. Estos huecos tradicionalmente se cubrían con partidos amistosos que fueron perdiendo atractivo.

Las naciones europeas fueron clasificadas según un cálculo de puntos por partido, conocido como coeficiente. La Liga A incluía los 12 equipos con mejor coeficiente, seguida por las Ligas B, C y D. Estas ligas se subdividieron en cuatro grupos de tres o cuatro equipos. Su clasificación final marcaría el ascenso y descenso de una liga a otra y decidiría la composición de los grupos para la próxima edición.

La UEFA quiso mejorar el estatus de la Liga de Naciones al incorporarla al sistema de clasificación para la propia EURO, recompensando el desempeño de las selecciones en esta competición con la posibilidad de lograr una plaza para la EURO.

Los playoffs para la EURO 2024 se articularon en tres rutas que constarían de dos semifinales a un solo partido. Los vencedores de las tres finales, también a partido único, obtendrían los tres últimos billetes para la EURO en Alemania. Dentro de cada ruta, las primeras clasificadas recibirían a las cuartas, y las segundas, a las terceras. En caso de que menos de cuatro selecciones de una liga alcanzaran los playoffs, la primera plaza disponible se asignaría a Estonia, por ser la primera clasificada de la Liga D con mejor coeficiente.

Un sorteo decidiría los equipos anfitriones de las finales. Las seis semifinales se programaron para el 21 de marzo y las tres finales para el 26 de marzo.

Los playoffs de la ruta A comprendieron a los dos equipos de la Liga A (Polonia y Gales), el subcampeón de la Liga B que quedara en tercera posición en la fase de clasificación para la EURO (Finlandia) y Estonia de la Liga D. Las semifinales de la ruta A resultaron: Polonia (1) frente a Estonia (4) y Gales (2) frente a Finlandia (3). Por tanto, la final enfrentaría a Gales o Finlandia contra Polonia o Estonia.

Los playoffs de la ruta B comprendieron a los dos ganadores de la Liga B (Israel y Bosnia y Herzegovina), así como a dos de los tres subcampeones de grupos de la Liga B que alcanzaron la repesca: Finlandia, Ucrania e Islandia. Un sorteo determinó la participación de Islandia y Ucrania en esta ruta, por lo que Finlandia se reasignó a la ruta A. Por lo tanto, las semifinales de esta ruta resultaron de la siguiente manera: Israel (1) frente a Islandia (4) y Bosnia y Herzegovina (2) frente a Ucrania (3). Por tanto, la final enfrentaría a Israel o Islandia contra Bosnia y Herzegovina o Ucrania.

Las semifinales de la ruta C comprendieron a tres ganadores de la Liga C (Georgia, Grecia y Kazajistán) más un subcampeón de grupo de la Liga C, Luxemburgo. Los cruces resultantes fueron: Georgia (1) frente a Luxemburgo (4) y Grecia (2) frente a Kazajistán (3). Por tanto, la final enfrentaría a Georgia o Luxemburgo contra Grecia o Kazajistán.

En cuanto a la Liga de Naciones, los torneos de 2018-19, 2020-21 y 2022-23 se decidieron con una fase final a cuatro celebrada en uno de los países finalistas. En 2019, la selección anfitriona, Portugal, derrotó a los Países Bajos 1-0 en la final. En 2021, Francia venció a España en la final disputada en Italia. En la última edición, España derrotó a Croacia 5-4 en la tanda de penaltis después de un empate sin goles en la final disputada en los Países Bajos.

RUTA A

Semifinales
21 de marzo de 2024; Cardiff

Gales
Finlandia

21 de marzo de 2024; Varsovia

Polonia
Estonia

Final
26 de marzo de 2024; Cardiff o Helsinki

Gales o Finlandia
Polonia o Estonia

RUTA B

Semifinales
21 de marzo de 2024; Zenica

Bosnia y Herzegovina
Ucrania

21 de marzo de 2024; Budapest

Israel
Islandia

Final
26 de marzo de 2024; Sarajevo o Breslavia

Bosnia y Herzegovina o Ucrania
Israel o Islandia

RUTA C

Semifinales
21 de marzo de 2024; Tiflis

Georgia
Luxemburgo

21 de marzo de 2024; Atenas

Grecia
Kazajistán

Final
26 de marzo de 2024; Tiflis o Luxemburgo

Georgia o Luxemburgo
Grecia o Kazajistán

Una modificación para la próxima edición de la Liga de Naciones, que comenzará en septiembre de 2024, introducirá una ronda eliminatoria como puente entre el final de la fase de grupos y las fases finales. Un comunicado de la UEFA informó de que el cambio se había producido tras un extenso proceso de consulta con las asociaciones nacionales, y de que no supondría añadir nuevas fechas adicionales al calendario internacional.

El presidente de la UEFA, Aleksander Čeferin, declaró: «La creación de la Liga de Naciones de la UEFA ha resultado un éxito, ya que ha permitido sustituir los partidos amistosos por encuentros más competitivos. Al introducir la nueva fase de eliminación directa, los equipos tendrán aún más oportunidades de poder progresar, manteniendo el mismo número de partidos dentro del calendario internacional».

EL SORTEO FINAL

El sábado 2 de diciembre de 2023 fue la fecha en la que los entrenadores y jugadores de los equipos que habían alcanzado la fase final de la UEFA EURO 2024 conocieron a sus futuros rivales. El sorteo, celebrado en la sala de conciertos Elbphilharmonie de Hamburgo, marcó el comienzo de una nueva aventura para todas las naciones participantes.

El evento, presentado por Pedro Pinto y Esther Sedlaczek, empezó con un preludio a cargo del tenor Jonas Kaufmann y el destacado violinista David Garrett, acompañados por la Orquesta Nacional Juvenil, la Orquesta Nacional de Jazz y el Coro Nacional Juvenil de Alemania. A continuación, una serie de figuras legendarias que tuvieron la suerte de ganar el torneo en pasadas ediciones participaron en el propio sorteo.

Alemania, como anfitriona, estuvo al frente de los cabezas de serie de los seis grupos de la fase final. Los dos primeros clasificados de cada grupo, además de los cuatro mejores terceros clasificados, avanzarían a la fase eliminatoria. Los anfitriones inaugurarán el campeonato en un encuentro frente a Escocia; Hungría y Suiza completan el Grupo A. El seleccionador alemán, Julian Nagelsmann, asistió al sorteo solo tres meses después de ser nombrado en el cargo como sucesor de Hansi Flick. Alemania espera enmendar las tempranas eliminaciones en sus tres últimos torneos importantes.

Nagelsmann declaró: «No se puede considerar el grupo de la muerte, pero es un grupo muy fuerte y estamos deseando afrontar el reto. Tenemos un muy buen partido inaugural contra Escocia, que siempre tiene el apoyo incondicional de sus aficionados». Escocia ha quedado eliminada en la fase de grupos en sus 11 participaciones en torneos importantes. El entrenador Steve Clarke declaró: «Cualquier combinación hubiera sido emocionante. Es un buen grupo, equilibrado».

El sorteo del Grupo B emparejó a la tricampeona España con los recientes campeones, Italia. Su rivalidad competitiva se remonta a la Copa Mundial de la FIFA de 1934, cuando Italia, como anfitriona, derrotó a España en los cuartos de final tras tener que disputarse un partido de desempate de cuartos de final en el que se impusieron por la mínima. El duelo será una repetición de la final de la EURO 2012. En esa ocasión, España ganó 4-0 en Kiev. El entrenador de los *Azzurri*, Luciano Spalletti, comentó: «Seguramente sea el grupo más complicado, pero sabemos cuál es nuestro objetivo: pasar la fase de grupos».

Croacia, que quedó en tercer lugar en la Copa Mundial de la FIFA de 2022, y Albania completan el Grupo B. El entrenador croata Zlatko Dalić coincidió con la opinión de Spalletti, consciente del desafío que les espera.

Inglaterra, recién ascendida al tercer puesto en el Ranking Mundial de la FIFA, fue la cabeza de serie del Grupo C. El equipo de Gareth Southgate, finalista de la EURO 2020, empezará su participación contra Serbia. A continuación, se enfrentará a Dinamarca, selección que forzó la prórroga contra Inglaterra en las semifinales de la EURO 2020. Eslovenia completa el grupo.

Southgate declaró: «Somos conscientes de que el objetivo es superar la fase de grupos. Conocemos las expectativas, nos estamos acostumbrando a estos grandes partidos. Esperamos dar a nuestros seguidores algunas noches brillantes».

El Grupo D ofrece un nuevo enfrentamiento entre Francia y los Países Bajos, que terminaron en primer y segundo lugar

en el mismo grupo de clasificación. Francia, subcampeona de la Copa Mundial en Catar en diciembre de 2022, ganó 4-0 en casa y 1-2 a domicilio. El entrenador de los Países Bajos, Ronald Koeman, afirmó: «Es difícil para todos. Yo prefería no enfrentarme a Francia. Quizá Francia tampoco quería enfrentarse a nosotros, porque nos conocemos mucho. Pero hay que aceptarlo. Nuestro objetivo es ganar el torneo».

Austria, dirigida por el entrenador alemán Ralf Rangnick, completará el grupo junto con el vencedor de la ruta A de los playoffs (Polonia, Gales, Finlandia o Estonia).

Bélgica fue cabeza de serie en el Grupo E. Tendrá que enfrentarse a Rumanía, que, como Bélgica, completó la fase de clasificación invicta. El capitán belga, Romelu Lukaku, fue el máximo goleador de la fase de clasificación con 14 goles. Completarán el grupo Eslovaquia, que se clasificó como subcampeona de su grupo, y el ganador de la ruta B de los playoffs (Israel, Islandia, Bosnia y Herzegovina o Ucrania).

El ganador de la ruta C de la repesca (Georgia, Grecia, Kazajistán o Luxemburgo) formará parte del Grupo F junto con Turquía, República Checa y Portugal, campeona en 2016. Portugal arrasó en su grupo de clasificación al ganar los diez partidos con 36 goles anotados y solo dos encajados. Cristiano Ronaldo logró diez de esos tantos.

La canción oficial del torneo ha sido creada por el grupo italiano de DJs Meduza, los gigantes estadounidenses de pop-rock OneRepublic y la icónica figura del pop alemán Kim Petras.

El dinero en premios ofrecido a los 24 finalistas asciende a 331 millones de €. El sistema de distribución, que coincide con el de la EURO 2020, fue aprobado por el Comité Ejecutivo de la UEFA en la víspera del sorteo. Los 24 finalistas obtendrán 9,25 millones de € por su participación en la fase final, y además recibirán 1 millón de € adicional por cada victoria y 500 000 € por cada empate.

La clasificación para los octavos de final se recompensará con 1,5 millones de €; para los cuartos de final, con 2,5 millones de € y para las semifinales, con 4 millones de €. Los subcampeones recibirán una suma adicional de 5 millones de €, mientras que los eventuales campeones verán reconocido su logro con 8 millones de € adicionales. Por lo tanto, la suma máxima posible que puede ganar la selección campeona, si se impone en los tres partidos de su grupo, asciende a los 28,25 millones de €.

La gloria eterna de levantar la Copa Henri Delaunay no tiene precio.

ABAJO: Giorgio Marchetti, secretario general adjunto de la UEFA, dirigió a un equipo de estrellas durante el sorteo de la fase final.

EURO2024 GERMANY

1968

Momentos mágicos:

GLORIA EN ROMA

10 DE JUNIO DE 1968 / ROMA

Italia es la única selección que ha conquistado la corona europea con la ayuda de una moneda lanzada al aire y tras haber tenido que disputar la repetición de un encuentro cuando aún no existían las tandas de penaltis. Italia había sido elegida anfitriona de la fase final de 1968, pero le costó lo suyo aprovechar la ventaja de jugar en casa. En la semifinal disputada en Nápoles, empató a 0, prórroga incluida, contra la Unión Soviética y alcanzó la final gracias a que la suerte estuvo del lado de su capitán, Giacinto Facchetti, cuando el colegiado lanzó una moneda al aire para decretar el ganador. En la final, disputada en Roma, Italia volvió a empatar tras la prórroga, esta vez con Yugoslavia. Ante tal situación, el reglamento contemplaba que se repitiera el encuentro. Esta vez, el ataque italiano resultó decisivo y los goles de Luigi Riva y Pietro Anastasi en la primera media hora dieron la victoria a Italia por 2-0. Riva, con 35 tantos, sigue siendo el máximo goleador italiano de todos los tiempos.

DERECHA: El capitán de Italia, Giacinto Facchetti, posa con la Copa Henri Delaunay tras la victoria de los anfitriones por 2-0 sobre Yugoslavia en la repetición de la final disputada en el Estadio Olímpico de Roma.

UEFA
EURO2024
GERMANY

CONOCE A LOS EQUIPOS

Entre las 24 selecciones que han alcanzado la fase final de la UEFA EURO 2024, se incluyen nueve que han sido campeonas: República Checa (como Checoslovaquia), Dinamarca, Francia, Alemania, Grecia, Italia, Países Bajos, Portugal y España. Portugal ha sido el único combinado que logró un pleno de victorias en la fase de grupos. Cinco selecciones más completaron esta fase sin conocer la derrota: Bélgica, Inglaterra, Francia, Hungría y Rumanía. Alemania ejercerá como anfitriona en solitario por primera vez desde su reunificación, después de que Alemania Occidental organizara el torneo en 1988.

GRUPO A

La anfitriona Alemania ha ganado la corona de la UEFA EURO en tres ocasiones, la última en 1996. Además, ha quedado subcampeona en tres ocasiones más. Hungría fue semifinalista en 1964 y en 1972. Suiza llegó a los cuartos de final de la EURO 2020. Escocia nunca ha superado la fase de grupos. Los cuatro integrantes de este grupo estuvieron presentes en la EURO 2020.

- Alemania
- Escocia
- Hungría
- Suiza

GRUPO A

ALEMANIA

Alemania se prepara para recibir a la flor y nata del fútbol europeo con una gran presión dadas sus expectativas. El equipo germano intentará recuperar su mentalidad ganadora, tradicionalmente asociada a un equipo que ha logrado este torneo la cifra récord de tres ocasiones, además de cuatro Copas Mundiales de la FIFA.

La Federación Alemana de Fútbol (DFB) obtuvo los derechos para ser la sede de la fase final en septiembre de 2018, apenas dos meses después de que la selección teutona perdiera su corona de la Copa Mundial de la FIFA en Rusia. Su eliminación en la fase de grupos pareció un mero accidente, pero recuperar el equilibrio y el estilo ganador no ha resultado una tarea sencilla.

El seleccionador nacional Joachim Löw lideró a Alemania en la EURO 2020 marcada por la pandemia, pero la búsqueda de su primer título europeo desde 1996 se vio truncada por una derrota por 2-0 frente a Inglaterra en el encuentro de octavos de final disputado en Wembley. La derrota le costó el cargo a Löw, sustituido por Hansi Flick.

El excentrocampista asumió la dirección de la selección tras 18 meses en el Bayern de Múnich en los que ganó siete títulos: dos Bundesligas, la Copa y la Supercopa de Alemania, la Liga de Campeones y la Supercopa de la UEFA, además de la Copa Mundial de Clubes de la FIFA.

Flick había trabajado anteriormente en el cuerpo técnico de la selección nacional y llevó a Alemania a la fase final de la Copa Mundial de 2022 en Catar cumpliendo las expectativas. Sin embargo, otra eliminación en la fase de grupos y unos resultados decepcionantes en los siguientes amistosos provocaron que Julian Nagelsmann lo relevase el pasado mes de septiembre.

ARRIBA: Alemania participa en la fase final por decimocuarta vez, todo un récord. Sus 53 partidos incluyen 27 victorias, 13 empates y 13 derrotas.

ALEMANIA en el Campeonato Europeo de Naciones de la UEFA

1960	No participó
1964	No participó
1968**	No se clasificó
1972**	CAMPEONA
1976**	Subcampeona
1980**	CAMPEONA
1984**	Fase de grupos
1988**	Semifinales
1992	Subcampeona
1996	CAMPEONA
2000	Fase de grupos
2004	Fase de grupos
2008	Subcampeona
2012	Semifinales
2016	Semifinales
2020*	Octavos de final

*La edición de 2020 se jugó en 2021.

**Como Alemania Occidental

ENTRENADOR

JULIAN NAGELSMANN

Julian Nagelsmann, de 36 años, se convirtió en el seleccionador nacional más joven de la historia de Alemania al suceder a Hansi Flick el pasado septiembre. Nagelsmann empezó a entrenar cuando una grave lesión puso fin a su carrera como futbolista en 2007. Fue entrenador de las categorías inferiores del Múnich 1860 antes de ejercer el mismo rol en el TSG 1899 Hoffenheim y, después, ser el entrenador del primer equipo en 2015. Logró clasificar al equipo para la Liga de Campeones de la UEFA y, a continuación, alcanzó las semifinales de esta misma competición con el RB Leipzig antes de fichar por el Bayern de Múnich. También sustituyó a Flick en el Bayern, y llevó al club a su décimo título consecutivo de la Bundesliga antes de dejar el cargo en marzo de 2023.

JUGADOR CLAVE

JOSHUA KIMMICH

POSICIÓN: Centrocampista
CLUB: FC Bayern de Múnich (ALEMANIA)
EDAD: 29
FECHA Y LUGAR DE NACIMIENTO: 8 de febrero de 1995, Rottweil
DEBUT COMO INTERNACIONAL: 21 de junio de 2016, frente a Irlanda del Norte
INTERNACIONALIDADES: 82
GOLES: 6

Joshua Kimmich se convirtió en uno de los laterales derechos o centrocampistas defensivos más polivalentes del fútbol europeo tras consolidarse en el Bayern de Múnich, inicialmente a las órdenes de Pep Guardiola. Kimmich pasó por las secciones juveniles del VfB Stuttgart antes de demostrar su valía en el RB Leipzig. Se incorporó al Bayern en 2015 y desde entonces ha contribuido a la conquista de 20 títulos nacionales e internacionales del club bávaro, incluida la Liga de Campeones de la UEFA en 2020. Se consagró en la selección nacional en la EURO 2016, cuando fue elegido para formar parte del mejor once del torneo. Desde entonces, ha sido siempre titular indiscutible, incluidos los partidos que dieron la victoria a Alemania en la Copa FIFA Confederaciones 2017.

Con motivo de su nombramiento, Nagelsmann se refirió a la ola de alegría que recorrió Alemania durante la organización de la Copa Mundial de 2006, declarando: «Queremos inspirar a la nación con un buen fútbol de todo el equipo. Lo ideal para nosotros es vivir un *Sommermärchen* (cuento de hadas veraniego) 2.0».

Alemania, como anfitriona de la EURO 2024, estaba exenta de la fase de clasificación, por lo que Nagelsmann recurrió a partidos amistosos para forjar la identidad del equipo. Empezó ganando por 1-3 a Estados Unidos en East Hartford, Connecticut, con goles de İlkay Gündoğan, Niclas Füllkrug y Jamal Musiala.

El núcleo de la plantilla de Nagelsmann presentaba pocas variaciones con respecto a la de Flick. Marc-André ter Stegen había sido durante mucho tiempo el portero suplente del lesionado Manuel Neuer, mientras que Antonio Rüdiger, Matts Hummels y Niklas Süle aportaban su experiencia defensiva.

Joshua Kimmich y Leon Goretzka acompañaron en el centro del campo a la joven estrella Musiala, quien había decidido formar parte del combinado alemán en 2021, tras jugar con Inglaterra en las categorías juvenil y sub-21.

Otras estrellas del Bayern a quienes Nagelsmann, su antiguo entrenador, conocía perfectamente eran Leroy Sané y Thomas Müller, mientras que el capitán Gündoğan había demostrado su enorme calidad en la temporada 2022/23 como jugador destacado del Manchester City, ganador del triplete. Kai Havertz, que ganó una Liga de Campeones con el Chelsea FC antes de ser traspasado al Arsenal, aportaba un plus de clase.

Toda esta experiencia y capacidad alimentan las esperanzas alemanas de ampliar su récord de tres títulos en un torneo al que concurrieron con demora.

Alemania Occidental no participó en las ediciones de 1960 y 1964, y fue eliminada en la primera ronda de clasificación de la de 1968. Todo cambió en la década de 1970. El Bayern ganó tres Copas de Europa y formó el núcleo de la selección nacional que ganó la EURO 1972, el Mundial de 1974 y, tras ser subcampeón en 1976, el título europeo de nuevo en 1980 y 1996.

Este fue el último título absoluto de Alemania en 18 años, antes de la extraordinaria victoria sobre Argentina en el Mundial de Brasil 2014. El décimo aniversario de aquel triunfo sería una ocasión idónea para que Alemania recuperara su vieja magia victoriosa.

¿SABÍAS QUE...?

Alemania no contó con una liga nacional hasta la creación de la Bundesliga en 1963. Hasta entonces, el título se decidía por eliminatorias entre los campeones de las ligas regionales.

GRUPO A

ESCOCIA

Escocia pudo celebrar la ansiada clasificación para la fase final de la EURO antes de disputar su último encuentro gracias a los resultados que se habían producido en su grupo. El equipo de Steve Clarke lograba llegar a la lucha final por el trofeo por segunda vez consecutiva.

El 30 de noviembre de 1872, Escocia disputó el primer partido internacional de la historia frente a Inglaterra en Partick, Glasgow, que finalizó con empate a 0. Los primeros jugadores profesionales escoceses cruzaron la frontera hasta Inglaterra y difundieron el estilo de pases en corto que tanto influyó en el desarrollo del juego en todo el continente.

Escocia participó en las fases finales de la Copa Mundial de la FIFA de 1954 y 1958, mientras que el Celtic y el Rangers, rivales acérrimos, tuvieron un destacado papel en los primeros años de las competiciones europeas de clubes. En 1967, el Celtic fue el primer club británico en ganar la Copa de Europa, mientras que el Rangers conquistó la Recopa de la UEFA en 1972.

La selección escocesa alcanzó la fase de grupos del Mundial seis de las siete veces entre 1974 y 1998, pero solo dos veces la del Europeo. La EURO 2020 supuso la primera vez en este siglo en lograrlo. Una vez más, la fase de grupos fue el final del camino.

A pesar de no haberse clasificado para la fase final del Mundial de 2022, la selección escocesa siguió manteniendo la confianza en Clarke. Un potente centro del campo, en el que destacaron las actuaciones y los goles de John McGinn y Scott McTominay, llevó a Escocia a Alemania a pesar de tener que hacer frente a un complejo grupo de clasificación en el que figuraban la tricampeona España, la Noruega de Erling Haaland, Georgia y Chipre.

ARRIBA: Escocia llega a la fase final por segunda vez consecutiva y cuarta en su historia. Nunca ha logrado superar la fase de grupos.

ESCOCIA en el Campeonato Europeo de Naciones de la UEFA

1960	No participó
1964	No participó
1968	No se clasificó
1972	No se clasificó
1976	No se clasificó
1980	No se clasificó
1984	No se clasificó
1988	No se clasificó
1992	Fase de grupos
1996	Fase de grupos
2000	No se clasificó
2004	No se clasificó
2008	No se clasificó
2012	No se clasificó
2016	No se clasificó
2020*	Fase de grupos

*La edición de 2020 se jugó en 2021.

ENTRENADOR

STEVE CLARKE

Steve Clarke es un veterano de la EURO, después de llevar a la selección escocesa a la fase final por segunda vez consecutiva. Clarke, de 60 años, inició su carrera como jugador en el St. Mirren, donde destacó como un defensa sólido y fiable, antes de pasar 11 años y disputar más de 400 partidos en el Chelsea FC de la Premier League inglesa. Con los Blues ganó la Recopa de la UEFA, la Copa de la Liga y la FA Cup, y fue seis veces internacional con Escocia. Ha dirigido a los equipos ingleses del West Bromwich Albion, Reading FC y Aston Villa y, de nuevo en su país, al Kilmarnock, antes de suceder a Alex McLeish como seleccionador nacional en mayo de 2019.

JUGADOR CLAVE

JOHN McGINN

POSICIÓN: Centrocampista
CLUB: Aston Villa FC (INGLATERRA)
EDAD: 29
FECHA Y LUGAR DE NACIMIENTO: 18 de octubre de 1994, Glasgow
DEBUT COMO INTERNACIONAL: 29 de marzo de 2016, frente a Dinamarca
INTERNACIONALIDADES: 62 • **GOLES**: 18

John McGinn fue elegido por cuarto año consecutivo mejor jugador internacional por la Scottish Football Writers' Association camino de la EURO 2024. El centrocampista del Aston Villa había capitaneado tanto a la selección escocesa sub-19 como a la sub-21 antes de debutar con la absoluta en la victoria por 1-0 ante Dinamarca. Fue el máximo goleador de Escocia con siete goles en la fase de clasificación para la EURO 2020, incluyendo el primer triplete de su carrera en la victoria ante San Marino. Con el triunfo por 2-1 contra la República de Irlanda en septiembre de 2022, alcanzó su 50.ª internacionalidad. A nivel de clubes, McGinn pasó tres temporadas tanto en el St. Mirren como en el Hibernian. Ganó la Copa de la liga escocesa con el St. Mirren y la Copa de Escocia con el Hibs antes de fichar por el Aston Villa en 2018 y ayudar a que regresara de nuevo a la Premier League.

McGinn y McTominay (en dos ocasiones) marcaron los goles de la victoria por 3-0 en el primer partido de la fase de clasificación sobre Chipre en Hampden Park, tradicional fortaleza de Escocia. El jugador del Manchester United McTominay volvió a lograr un doblete en la siguiente victoria en casa por 2-0 sobre España. En Noruega, Escocia tuvo que remontar el gol de Haaland con dos goles en tres minutos de Lyndon Dykes y Kenny McLean para llevarse la victoria. McTominay volvió a marcar en dos nuevas victorias consecutivas; en casa contra Georgia y a domicilio contra Chipre.

Escocia sufrió su primera derrota, por 2-0, en España a principios de octubre, pero no tuvo consecuencias para su clasificación ya que, tres días más tarde, la victoria de España ante Noruega supuso el billete para la fase final del combinado escocés. Escocia había accedido a la EURO 2020 a través de la repesca, por lo que era la primera vez que se clasificaba directamente para una fase final desde 1997.

Puede que McGinn y McTominay acapararan los titulares con sus goles, pero la clasificación de Escocia fue un esfuerzo de todo el equipo. Clarke varió la táctica entre el 3-4-3 o el 3-4-2-1 y el 5-3-2, aunque siempre manteniendo un sólido bloque tanto defensivo como en el centro del campo para proteger al guardameta Angus Gunn y lanzar rápidos contraataques.

El Ejército de Tartán siempre ha tenido un peso importante en Escocia. Esta vez cuenta con un núcleo de jugadores de la Premier League: Andrew Robertson (Liverpool), Scott McKenna (Copenhagen), McGinn (Aston Villa) y Ryan Christie (Bournemouth), además de tres procedentes de la segunda división inglesa: Gunn (Norwich), el defensa Ryan Porteous (Watford) y Lyndon Dykes (QPR).

Por encima de todo, una vez más, cabe destacar a su afición. Tanto el seleccionador Clarke como el capitán Robertson quisieron reconocer su apoyo incondicional. Clarke comentó: «Dije después de la EURO 2020 que queríamos repetir la experiencia y haberlo logrado demuestra nuestra progresión. Nuestros aficionados han vuelto a hacer de Hampden Park un lugar temible y han desempeñado un papel clave en nuestro éxito, tanto en casa como fuera». Y Robertson añadió: «Estamos deseando contar con el apoyo de decenas de miles de aficionados en Alemania».

¿SABÍAS QUE...?

El guardameta y capitán escocés Robert Gardner jugó como delantero en la segunda parte del histórico primer partido internacional contra Inglaterra en 1872. El partido terminó 0-0.

GRUPO A
HUNGRÍA

Hungría logró el pase a la fase final por tercera vez consecutiva con la esperanza de repetir los octavos de final que alcanzó en 2016 después caer en la fase de grupos en la última edición. El seleccionador Marco Rossi ha pasado seis años construyendo el equipo, que ha respondido a su confianza logrando la clasificación para Alemania con un partido de margen.

El decisivo gol que aseguró la presencia de Hungría en Alemania fue, de hecho, un autogol, aunque nadie podrá discutir el mérito de los hombres de Rossi para regresar a una fase final. Hungría terminó imponiéndose en el Grupo G invicta y con una cómoda ventaja de cuatro puntos sobre Serbia, a quien vencieron 2-1 tanto en Belgrado como en Budapest. El delantero del Ferencváros Barnabás Varga vio portería en ambos encuentros. Barnabás volvió a marcar en el empate frente a Lituania, partido que acabó 2-2 gracias al penalti anotado por Dominik Szoboszlai, antes de afrontar un encuentro decisivo en Bulgaria.

En el partido disputado a puerta cerrada en Sofía, Hungría se adelantó pronto en el marcador con un gol de Martin Ádám tras un tiro libre de Szoboszlai, pero luego se vio superada con un gol en la primera parte de Spas Delev y un penalti anotado en la segunda por Kiril Despodov. La selección húngara logró empatar gracias a un tanto de cabeza en propia puerta de Alex Petkov tras un córner ejecutado por Szoboszlai.

Hungría ha desempeñado un papel destacado en la historia de las competiciones internacionales. Se enfrentó a Austria en el primer partido oficial de equipos nacionales en el continente europeo en 1902 y fue subcampeona de la Copa Internacional de Europa Central, precursora del Campeonato Europeo de la

ARRIBA: Hungría participará en la fase final de la UEFA EURO por tercera vez consecutiva después de más de cuatro décadas.

HUNGRÍA
en el Campeonato Europeo de Naciones de la UEFA

1960	No se clasificó
1964	Tercer puesto
1968	No se clasificó
1972	Cuarto puesto
1976	No se clasificó
1980	No se clasificó
1984	No se clasificó
1988	No se clasificó
1992	No se clasificó
1996	No se clasificó
2000	No se clasificó
2004	No se clasificó
2008	No se clasificó
2012	No se clasificó
2016	Octavos de final
2020*	Fase de grupos

*La edición de 2020 se jugó en 2021.

ENTRENADOR

MARCO ROSSI

Marco Rossi disfrutó de una respetada carrera de 17 años como defensa en su Italia natal y también en el extranjero, tanto en México como en Alemania. Logró la Copa de Italia con la Sampdoria. Tras retirarse, inició su carrera como entrenador en 2000. Dirigió a seis clubes italianos antes de trasladarse a Hungría en 2012 para hacerse cargo del Budapest Honvéd, equipo que entrenó en dos etapas y con el que logró ganar el título de liga en 2017. También dirigió al DAC Dunajská Streda de Eslovaquia antes de regresar a Hungría para tomar las riendas de la selección nacional en 2018, a la que clasificó para la fase final de la UEFA EURO 2020.

JUGADOR CLAVE

ATTILA SZALAI

POSICIÓN: Defensa
CLUB: TSG 1899 Hoffenheim (ALEMANIA)
EDAD: 29
FECHA Y LUGAR DE NACIMIENTO: 20 de enero de 1998, Budapest
DEBUT COMO INTERNACIONAL: 15 de noviembre de 2019, frente a Uruguay
INTERNACIONALIDADES: 41
GOLES: 1

El experimentado y fiable defensa Attila Szalai ha sido un jugador determinante en la clasificación de Hungría para su segunda UEFA EURO consecutiva. Szalai comenzó su carrera profesional en el club austriaco del Rapid Viena y luego regresó a Hungría para engrosar las filas del Mezőkövesd. Posteriormente, formó parte del Limassol chipriota, del Fenerbahçe turco y del Hoffenheim alemán. Anotó tres goles en 37 apariciones en las selecciones inferiores antes de que el seleccionador Marco Rossi lo convocara para la absoluta, con la que debutó contra la selección de Uruguay en 2019. Sus destacadas actuaciones en el Fenerbahçe le hicieron merecedor de la titularidad en los tres partidos que Hungría disputó en la EURO 2020.

UEFA, en la década de 1930, y luego fue campeona en 1953.

En la década de 1930, Hungría tenía fama por sus métodos de entrenamiento, que exportaron a lo largo del continente y a Sudamérica. Más tarde, a principios de la década de 1950, llegó la época dorada de los Magiares Mágicos, liderados por Ferenc Puskás. Ganaron la Copa Internacional de Europa Central y la medalla de oro en los Juegos Olímpicos de 1952 y perdieron solo un partido internacional en cinco años antes de caer en el partido más importante de la historia de la selección, la final de la Copa Mundial de la FIFA en 1954.

Figuras como Puskás, Sándor Kocsis y József Bozsik engrosan la nómina de los mejores futbolistas de todos los tiempos. En 1953, los Magiares Mágicos se convirtieron en el primer equipo de fuera de las islas británicas en vencer a Inglaterra a domicilio, tras imponerse por 3-6 en un encuentro legendario disputado en Wembley. El delantero Nándor Hidegkuti anotó un triplete.

En la década de 1960, aparecieron nuevas estrellas como Florian Albert y Ferenc Bene, que llevaron a Hungría a los cuartos de final de la Copa Mundial de 1962 y de 1966, y al oro olímpico en 1964 y en 1968. También fueron semifinalistas en el formato original del Campeonato Europeo en 1964 y en 1972. Hungría apareció intermitentemente en las fases finales de las posteriores Copas Mundiales de la FIFA, pero no volvieron a clasificarse para la fase final de la EURO hasta Francia 2016, donde llegaron a octavos de final.

Las últimas figuras en vestir la famosa camiseta rojo cereza forman un núcleo de jugadores que han acumulado experiencia internacional jugando en las ligas a lo largo y ancho del planeta, desde Chipre, Inglaterra, Francia, Alemania, Italia, a Corea del Sur, Suiza, Turquía o Estados Unidos.

Péter Gulácsi y Dénes Dibusz se han disputado la portería durante la última década, mientras que defensas como Attila Szalai, Willi Orban, Ádám Lang, Loïc Négo y Endre Botka suman más de 250 internacionalidades entre ellos. En el mediocampo, el jugador del Spezia Calcio Ádám Nagy ha acumulado cerca de 80 internacionalidades en ocho años. Cuenta con el respaldo de la figura más creativa del equipo, Szoboszlai, quien, junto a Varga, fue el máximo goleador de Hungría con cuatro goles en la fase de clasificación para Alemania.

¿SABÍAS QUE...?

Hungría cayó dos veces en semifinales en las primeras ediciones del torneo, pero luego tuvo que esperar 44 años antes de volver a disputar una fase final, en 2016.

GRUPO A
SUIZA

Regularidad es la palabra que define la trayectoria de Suiza en el escenario futbolístico internacional. Han logrado acceder a la fase final de la UEFA EURO por quinta vez en seis torneos. El próximo objetivo es superar los cuartos. Hace tres años, estuvieron a punto, pero España les privó de llegar a semifinales en la tanda de penaltis.

Suiza ha albergado tradicionalmente la sede de las oficinas administrativas de la UEFA en Nyon y de la FIFA en Zúrich. En los últimos años, su selección ha demostrado en el campo que también quiere ser una habitual de los torneos internacionales.

Suiza ha participado en la fase final del torneo de la EURO en cinco ocasiones, alcanzando los cuartos de final en la última edición, y ha disputado la fase final de la Copa Mundial en 12 ocasiones, con los cuartos de final también como mejor resultado en tres ocasiones. Se ha clasificado para la presente edición de la EURO tras quedar segunda en el Grupo I. Tan solo perdió uno de sus diez partidos y acabó como máxima goleadora del grupo con 22 tantos. Los primeros cinco goles llegaron en la victoria inicial a domicilio contra Bielorrusia, y en tres encuentros como locales lograron tres goles: contra Israel, Andorra y Bielorrusia.

Sin embargo, no aseguró su pase a la fase final hasta la penúltima jornada gracias a un ajustado empate a 1 en casa contra Kosovo. Suiza dominó la posesión, pero no logró abrir el marcador hasta el minuto 2 de la segunda parte gracias a un cabezazo de Ruben Vargas. Kosovo empató el encuentro por mediación de Muhamet Hyseni en los últimos minutos, pero el punto fue suficiente para garantizar a Suiza un billete para Alemania.

ARRIBA: Suiza ha participado en la fase final de la UEFA EURO en cinco ocasiones. Los cuartos de final alcanzados en 2020 son su techo hasta la fecha.

SUIZA
en el Campeonato Europeo de Naciones de la UEFA

1960	No se clasificó
1964	No se clasificó
1968	No se clasificó
1972	No se clasificó
1976	No se clasificó
1980	No se clasificó
1984	No se clasificó
1988	No se clasificó
1992	No se clasificó
1996	Fase de grupos
2000	No se clasificó
2004	Fase de grupos
2008	Fase de grupos
2012	No se clasificó
2016	Octavos de final
2020*	Cuartos de final

*La edición de 2020 se jugó en 2021.

ENTRENADOR

MURAT YAKIN

Yakin, quien jugó 49 partidos como defensa central con Suiza entre 1994 y 2004, fue nombrado entrenador del equipo nacional para sustituir a Vladimir Petković después de la UEFA EURO 2020. Inició su carrera como jugador profesional en el Grasshoppers antes de fichar por el FC Basilea. Más tarde se trasladó a Alemania, donde jugó en el VfB Stuttgart y en el 1. FC Kaiserslautern, club que abandonó para regresar a su país de nuevo a las filas del Basilea. Su carrera como entrenador de clubes ha transcurrido casi en su totalidad en Suiza, en equipos como el FC Thun, el Luzern, el Basilea, el Schaffhausen, el Grasshoppers y el FC Sion, aparte de un año en Rusia con el Spartak de Moscú. Su hermano menor, Hakan Yakin, también fue internacional suizo.

JUGADOR CLAVE

XHERDAN SHAQIRI

POSICIÓN: Delantero
CLUB: Chicago Fire FC (EE.UU.)
EDAD: 32
FECHA Y LUGAR DE NACIMIENTO: 10 de octubre de 1991, Gnjilane, Kosovo
DEBUT COMO INTERNACIONAL: 3 de marzo de 2010, frente a Uruguay
INTERNACIONALIDADES: 119 • **GOLES**: 29

Xherdan Shaqiri nació en la antigua Yugoslavia y es hijo de padres albanokosovares que emigraron a Suiza en 1992. Tras debutar con la sub-21 en 2009, dio el salto a la selección absoluta un año después. Desde entonces, Shaqiri ha sido un habitual en el mediocampo o en la delantera helvética. Participó en la EURO 2016 y la EURO 2020, en la que Suiza cayó en la tanda de penaltis ante España en los cuartos de final. En noviembre de 2021, Shaqiri se convirtió en el quinto jugador suizo en alcanzar las 100 internacionalidades. A nivel de clubes, ganó tres títulos de la liga suiza con el Basilea antes de fichar por el Bayern de Múnich. Posteriormente fichó por el Inter de Milán, antes de trasladarse a Inglaterra, donde jugó en las filas del Stoke City y del Liverpool. En sus tres años en Anfield consiguió los títulos de la Liga de Campeones de la UEFA, la Copa Mundial de Clubes de la FIFA y la Premier League inglesa.

Suiza podría haber cerrado su campaña como primera de grupo si hubieran ganado su último partido en Rumanía, pero cayó por 1-0. No obstante, acabó sin demasiados agobios dos puntos por delante de Israel, que quedó en tercer lugar. El suizo Zeki Amdouni fue el máximo goleador del grupo con seis goles. El delantero de 23 años, que juega en el Burnley de la Premier League, se había consolidado como un habitual de la selección absoluta de Suiza tras una corta trayectoria en la selección sub-21 de Turquía, país originario de su padre.

Históricamente, el fútbol suizo se ha visto muy influenciado por el británico, como demuestran los nombres de clubes como Grasshoppers y Young Boys. Suiza fue subcampeona en el torneo de fútbol de los Juegos Olímpicos de 1924. La selección despuntó en el panorama internacional gracias a jugadores como los hermanos Max y André Abegglen, quienes marcaron más de 60 goles entre los dos. Otra figura trascendental fue el entrenador austriaco Karl Rappan, ideólogo del sistema defensivo conocido como el «cerrojo suizo», quien guio a Suiza a las fases finales de la Copa Mundial en cuatro ocasiones.

Después de 1966, la selección nacional cayó en una profunda crisis y no logró clasificarse para ningún torneo internacional hasta 1994, bajo la dirección del entrenador inglés Roy Hodgson. Hicieron su debut en la EURO dos años después. Desde 2004, Suiza solo ha estado ausente en las fases finales de los dos principales torneos de selecciones en una ocasión, la EURO 2012.

La plantilla que logró el pasaporte para Alemania incluía jugadores habituales como el experimentado portero Yann Sommer, el lateral Ricardo Rodríguez o el central Manuel Akanji, quien tuvo una destacada actuación en los logros del Manchester City. Granit Xhaka destacó en su rol de capitán y ancla en el centro del campo, y el veterano Xherdan Shaqiri por su creatividad ofensiva en ambos extremos. Tanto Xhaka como Shaqiri atesoran más de 100 internacionalidades, liderando a Suiza para hacerse un hueco habitual entre la élite europea.

¿SABÍAS QUE...?

Suiza no logró clasificarse para la fase final en sus primeros nueve intentos, pero ahora encadenará seis participaciones en ocho torneos.

UEFA EURO2024 GERMANY

GRUPO B

España ha sido campeona de Europa tres veces y ha participado en todas las fases finales desde 1996. La actual campeona, Italia, también logró el título como anfitriona en 1968. Croacia ha llegado a los cuartos de final en dos ocasiones. Para Albania, en cambio, esta será su segunda aparición en la fase final. España, Croacia e Italia estuvieron presentes en la EURO 2020 y formaron parte del mismo grupo en la EURO 2012.

- España
- Croacia
- Italia
- Albania

GRUPO B
ESPAÑA

España participará por duodécima vez en la fase final de la EURO. Desde 1980, solo ha faltado una vez a la cita con el torneo, en el que ha triunfado en tres ocasiones, todo un récord. La Roja siempre parte como una de las favoritas en cualquier torneo, como corresponde a un país que también ha ganado la Copa Mundial de la FIFA.

España presentó la selección más joven de la EURO 2024 entre los principales aspirantes al título, con una media de edad de 25 años. En el equipo confeccionado por el seleccionador Luis de la Fuente figuraban muchos de los jugadores que habían participado en diversos de los triunfos de las selecciones inferiores. De la Fuente los conocía bien tras una década con las selecciones sub-19 y sub-21.

El técnico de 62 años había sucedido a Luis Enrique tras las dramáticas eliminaciones de España en la tanda de penaltis contra Italia en las semifinales de la EURO 2021 y luego contra Marruecos en los octavos de final de la Copa Mundial 2022.

España despegó en el Grupo A de clasificación con una victoria por 3-0 sobre Noruega, gracias a dos goles de Joselu en poco más de un minuto. Pero una derrota por 2-0 en Escocia hizo saltar las alarmas. El exigente calendario de partidos en un grupo de cinco equipos hizo que España tuviera que replegarse antes de regresar a la lucha el pasado mes de septiembre.

Cinco días y 13 goles en dos victorias bastaron para calmar los nervios. Primero, el capitán Álvaro Morata marcó un triplete en la victoria por 1-7 contra Georgia, y luego Ferrán Torres marcó dos goles en el 6-0 en casa contra Chipre. A continuación, España se impuso a Escocia (2-0) en casa, y a Noruega (0-1)

ARRIBA: España, campeona en tres ocasiones y semifinalista en la EURO 2020, jugará la fase final por duodécima vez, solo una menos que Alemania.

ESPAÑA
en el Campeonato Europeo de Naciones de la UEFA

1960	Se retiró
1964	CAMPEONA
1968	No se clasificó
1972	No se clasificó
1976	No se clasificó
1980	Fase de grupos
1984	Subcampeona
1988	Fase de grupos
1992	No se clasificó
1996	Cuartos de final
2000	Cuartos de final
2004	Fase de grupos
2008	CAMPEONA
2012	CAMPEONA
2016	Octavos de final
2020*	Semifinales

*La edición de 2020 se jugó en 2021.

ENTRENADOR

LUIS DE LA FUENTE

Luis de la Fuente disfrutó de una exitosa carrera como seleccionador en las categorías inferiores de España antes de ser nombrado sucesor de Luis Enrique tras la Copa Mundial de la FIFA 2022. Logró un éxito inmediato al guiar a España a la victoria en la Liga de Naciones de la UEFA 2023. Muchos de los actuales integrantes de la selección absoluta de De la Fuente jugaron bajo su dirección en la conquista de los títulos europeos sub-19 y sub-21 en 2015 y 2019, respectivamente. También llevó al equipo olímpico a la medalla de plata en los Juegos aplazados de 2021. Durante sus trece años como futbolista profesional ganó un doblete de Liga y Copa con el Athletic Club.

JUGADOR CLAVE

ÁLVARO MORATA

POSICIÓN: Delantero
CLUB: Club Atlético de Madrid, S. A. D. (ESPAÑA)
EDAD: 31
FECHA Y LUGAR DE NACIMIENTO: 23 de octubre de 1992, Madrid
DEBUT COMO INTERNACIONAL: 15 de noviembre de 2014, frente a Bielorrusia
INTERNACIONALIDADES: 69
GOLES: 34

El idilio goleador del capitán de España Álvaro Morata con la selección se remonta a mucho antes de su debut con la absoluta en 2014. Morata fue el máximo goleador de la fase final del Campeonato de Europa sub-19 de la UEFA en 2011 y sub-21 en 2013. Entre los tantos que ha logrado con la selección absoluta destaca el del triunfo contra Suecia que le dio a España el pase a la fase final de la Copa Mundial de la FIFA 2022. Morata inició su carrera en el Real Madrid de su ciudad natal, club con el que ganó ocho títulos en dos etapas, entre los que se incluyen la Liga de Campeones de la UEFA dos veces y la Supercopa de la UEFA. Ha seguido logrando éxitos con el Chelsea inglés, en Italia con la Juventus y de regreso a casa con el Atlético.

en una fría noche en Oslo, lo que le aseguró el pase a la fase final a falta de dos partidos. El VAR anuló un gol de Morata en la primera parte, pero en la segunda parte dio por válido un tanto de Gavi, centrocampista del FC Barcelona, que acabó suponiendo la victoria final.

De la Fuente alabó y resaltó el futuro de la selección, señalando: «El fútbol español siempre ha estado en la élite y ahora creo que volvemos a ilusionar. Queda mucho camino por recorrer, mucho que mejorar, pero tenemos una materia prima fantástica».

De la Fuente confeccionó una plantilla en la que, a diferencia de otras épocas, había una mezcla de jugadores de diversos clubes nacionales y extranjeros. Así, había cuatro jugadores del Real Madrid y de la Real Sociedad, dos del FC Barcelona y del Athletic Club, uno del Sevilla FC, uno del Osasuna, uno del Atlético y uno del Granada CF, además de media docena que jugaban en equipos de Inglaterra, Francia y Arabia Saudí.

España empezó su andadura internacional en los Juegos Olímpicos de Amberes en 1920, y luego alcanzó los cuartos de final tanto en los Juegos Olímpicos de 1928 como en la Copa Mundial de 1934 con un equipo en el que figuraba el legendario guardameta Ricardo Zamora.

Los rivales del Clásico, Real Madrid y FC Barcelona, aportaron glamur y gloria a los primeros años de la competición europea de clubes en la década de 1950, liderados por estrellas extranjeras como el argentino Alfredo Di Stéfano y los húngaros Ferenc Puskás y László Kubala.

Estas figuras legendarias fueron la inspiración de nuevos héroes locales. El mediapunta del FC Barcelona Luis Suárez y el extremo del Real Madrid Amancio lideraron la selección española que ganó su primera EURO en 1964. Una sequía de dos décadas terminó con el avance a los cuartos de final de la Copa Mundial de 1986 y luego con el oro en los Juegos Olímpicos de Barcelona en 1992.

España subió un escalón más cuando logró imponer su juego de posesión o tiquitaca, acaparando el éxito de los principales torneos internacionales durante cuatro años. Xavi Hernández, Andrés Iniesta, Iker Casillas y compañía consiguieron encadenar los históricos triunfos de la EURO 2009 (1-0 sobre Alemania), la Copa Mundial de la FIFA 2010 (1-0 sobre Países Bajos) y la EURO 2012 (4-0 sobre Italia). El regreso al podio no puede retrasarse mucho más.

¿SABÍAS QUE...?

La victoria de España sobre la Unión Soviética en la final de 1964 en el Estadio Santiago Bernabéu de Madrid contó con la asistencia oficial más alta de cualquier partido de la EURO: 79 115 espectadores.

GRUPO B
CROACIA

Croacia obtuvo la independencia después de la desintegración de Yugoslavia a principios de la década de 1990. Durante los siguientes 30 años, las icónicas camisetas rojas y blancas han brillado en todos los torneos internacionales, pero sin lograr un triunfo que refrende sus buenas actuaciones. Tal vez la EURO 2024 pueda ser la ocasión.

La historia del impresionante ascenso del fútbol croata a partir de las convulsiones sociales y políticas de finales de la década de 1980 y principios de la década de 1990 es más que notable, incluso teniendo en cuenta su destacado papel en los logros de la antigua Yugoslavia. La federación de fútbol nacional independiente obtuvo la membresía de la FIFA en 1992 y de la UEFA un año después. El equipo nacional ya alcanzó los cuartos de final en su debut en la EURO 96.

Dos años después, Croacia tuvo un destacado debut en la fase final de la Copa Mundial de la FIFA, terminando en tercer lugar y con el aclamado delantero Davor Šuker como máximo goleador del torneo con seis goles. Otras figuras destacadas fueron los creadores de juego Zvonimir Boban y Robert Prosinečki. Los tres habían sido campeones mundiales juveniles con la antigua Yugoslavia en 1987.

Desde entonces, Croacia ha sido un contendiente regular en las fases finales tanto de la Copa Mundial como de la EURO. Solo se han perdido las ediciones de la Copa Mundial de 2010 y de la EURO en 2000.

Además, han frecuentado las eliminatorias decisivas de ambos torneos, como los cuartos de final de la EURO 2008, donde cayeron en la tanda de penaltis, los octavos de final en 2016, y la final de la Copa Mundial

ARRIBA: Croacia no ha superado la ronda de cuartos de final en sus seis participaciones en la fase final de la UEFA EURO desde que debutara en 1996.

CROACIA en el Campeonato Europeo de Naciones de la UEFA

1960	Sin selección nacional
1964	Sin selección nacional
1968	Sin selección nacional
1972	Sin selección nacional
1976	Sin selección nacional
1980	Sin selección nacional
1984	Sin selección nacional
1988	Sin selección nacional
1992	Sin selección nacional
1996	Cuartos de final
2000	No se clasificó
2004	Fase de grupos
2008	Cuartos de final
2012	Fase de grupos
2016	Octavos de final
2020*	Octavos de final

*La edición de 2020 se jugó en 2021.

ENTRENADOR

ZLATKO DALIĆ

Zlatko Dalić atesora un destacado currículo como uno de los entrenadores actuales con más tiempo en el cargo. Dalić, de 57 años, fue designado en octubre de 2017 para tratar de encauzar la fase de clasificación de Croacia para la Copa Mundial de la FIFA. No solo consiguió clasificar al equipo para Rusia, sino que logró un más que meritorio segundo puesto. A continuación, llevó a Croacia a los octavos de final de la UEFA EURO 2020, al tercer lugar en la Copa Mundial de Catar y al subcampeonato de la Liga de Naciones de la UEFA. Dalić se hizo un nombre con las selecciones sub-21 de Croacia entre 2006 y 2011. A nivel de clubes, entrenó a varios equipos en Albania, incluyendo el Dinamo Tirana, y luego en Arabia Saudí y en los Emiratos Árabes Unidos.

JUGADOR CLAVE

DOMINIK LIVAKOVIĆ

POSICIÓN: Portero
CLUB: Fenerbahçe SK (TURQUÍA)
EDAD: 29
FECHA Y LUGAR DE NACIMIENTO: 9 de enero de 1995, Zadar
DEBUT COMO INTERNACIONAL: 11 de enero de 2017, frente a Chile
INTERNACIONALIDADES: 51 • **GOLES**: 0

Dominik Livaković logró reconocimiento internacional gracias a sus heroicas actuaciones que llevaron a que Croacia quedara en tercer lugar en la Copa Mundial de la FIFA 2022 de Catar. Livaković logró atajar la mayoría de las penas máximas tanto en las tandas de penaltis como en general en todo el torneo. En los octavos de final, Livaković detuvo tres penaltis contra Japón y luego uno más a Rodrygo en la tanda de penaltis de cuartos de final contra Brasil. De esta manera, igualó el récord del torneo de cuatro paradas en tandas de penaltis. Antes de hacer su debut con la selección absoluta en 2017, Livaković disputó 34 encuentros en categorías inferiores, desde la sub-15 hasta la sub-21. Su carrera de clubes comenzó en el NK Zagreb y más tarde ganó seis títulos de liga en Croacia y otros cinco trofeos domésticos importantes con el Dinamo Zagreb. Livaković fichó por el Fenerbahçe turco el verano de 2023.

de 2018, su máximo logro hasta la fecha. Por entonces, Šuker había pasado de liderar el ataque a liderar la federación. Luego vinieron los octavos de final de la EURO 2020, el tercer lugar en la Copa Mundial de 2022 y, por último, el subcampeonato en la Liga de Naciones de la UEFA de 2023.

Estos logros recientes han contado con la participación inestimable de un núcleo de jugadores, entre los que se incluye a Danijel Subašić y luego a Dominik Livaković en la portería, a Dejan Lovren y Domagoj Vida en la defensa y al eterno e incansable Luka Modrić en el corazón de la creatividad ofensiva. El experimentado entrenador Zlatko Dalić ha acompañado y respaldado a esta base de jugadores con un método de juego basado en el compromiso defensivo, en un juego vertiginoso en el centro del campo y en los externos, y en la aportación de delanteros agresivos.

En la defensa, Joško Gvardiol se ha afianzado convirtiéndose en una estrella internacional tras su destacado Mundial en Catar, mientras que Mateo Kovačić, Marcelo Brozović y Mario Pašalić han aportado su técnica y fortaleza al mediocampo. Los veteranos Andrej Kramarić y Ante Budimir han destacado por su lucha constante en la delantera.

El camino hacia Alemania en el Grupo D, con rivales como Turquía, Gales, Armenia y Letonia, no fue una tarea sencilla. Tras un decepcionante empate inicial 1-1 en casa contra Gales, lograron cerrar la campaña de primavera con una sólida victoria por 0-2 en Turquía, con dos goles en la primera mitad del centrocampista Kovačić.

A continuación, lograron victorias en casa contra Letonia y fuera contra Armenia, pero luego sufrieron dos derrotas: 0-1 en casa ante Turquía y 2-1 en Gales. Croacia llegó a sus dos últimos partidos empatada a puntos con Gales. En juego estaba el segundo puesto por detrás de Turquía y la clasificación automática.

Superaron la primera barrera gracias a dos goles tempranos de Lovro Majer y Kramarić contra Letonia en Riga. Esta victoria les brindó la posibilidad de asegurarse el segundo puesto si se imponía a Armenia en el último encuentro como local, desbancando a Gales. Modrić manejó con maestría el centro del campo, y el segundo gol como internacional de Budimir, un cabezazo a corta distancia, aseguró la victoria por 1-0 y el billete a Alemania.

¿SABÍAS QUE...?

La de Alemania será la séptima participación de Croacia en la EURO. Solo se ha perdido una fase final desde que pasó a formar parte de la UEFA en 1993.

GRUPO B

ITALIA

A la vigente campeona de Europa no le han ido demasiado bien las cosas desde que saboreó la gloria en Wembley en julio de 2021. Los *Azzurri* se perdieron la última Copa Mundial de la FIFA y más tarde se clasificaron para la UEFA EURO 2024 gracias a los resultados logrados en los enfrentamientos directos contra Ucrania después de terminar igualados a puntos.

A pesar de esto, nadie duda de que volverá a ser una de las favoritas. Le respalda su gloriosa historia. Italia ha ganado la Copa Mundial en cuatro ocasiones y la EURO en dos. Los italianos también fueron subcampeones en 2000 y 2012, cuartos en 1980 y 1988, y cuartofinalistas en dos ocasiones más.

Italia tuvo que sudar para llevarse las dos finales de la EURO. En 1968 derrotó a la antigua Yugoslavia por 2-0 en Roma con goles de Luigi Riva y Pietro Anastasi en la repetición de la final. Por su parte, en 2021 empataron 1-1 con la anfitriona, Inglaterra, y acabó imponiéndose en la tanda de penaltis. El guardameta Gianluigi Donnarumma detuvo el último lanzamiento a Bukayo Saka.

El equipo entrenado por Roberto Mancini aumentó su récord mundial de la racha invicta más larga a 37 partidos antes de caer 1-2 ante España en la semifinal de la Liga de Naciones de la UEFA disputada en Milán en octubre de 2021. Sin embargo, Italia perdió ante Macedonia del Norte en la seminal de la repesca y no logró clasificarse para la Copa Mundial de Catar.

Italia tuvo que afrontar el difícil Grupo C en la fase de clasificación para la EURO, que incluía a Ucrania, y, una vez más, a Inglaterra, contra la que perdió en casa en su primer partido por 1-2. La victoria por 0-2 en Malta tres días después fue el último partido que dirigió Mancini antes de ser relevado por Spalletti.

ARRIBA: Italia ha participado en las fases finales de la UEFA EURO en diez ocasiones; ha ganado el título dos veces y ha sido subcampeona en otras dos ediciones.

ITALIA
en el Campeonato Europeo de Naciones de la UEFA

1960	No participó
1964	No se clasificó
1968	CAMPEONA
1972	No se clasificó
1976	No se clasificó
1980	Cuarto puesto
1984	No se clasificó
1988	Cuarto puesto
1992	No se clasificó
1996	Fase de grupos
2000	Subcampeona
2004	Fase de grupos
2008	Cuartos de final
2012	Subcampeona
2016	Cuartos de final
2020*	CAMPEONA

*La edición de 2020 se jugó en 2021.

ENTRENADOR

LUCIANO SPALLETTI

Spalletti logró encauzar la trayectoria de la selección de forma inmediata, guiando al equipo a la UEFA EURO 2024 solo tres meses después de haber relevado a Roberto Mancini. El entrenador de 65 años jugó en divisiones inferiores antes de comenzar su carrera como entrenador en el Empoli en 1993. Posteriormente pasó por la Sampdoria, el Venezia, el Udinese y el Ancona antes de recalar en la Roma, equipo con el que ganó la Copa de Italia en dos ocasiones. Posteriormente fichó por el Zenit de San Petersburgo y logró dos títulos de la liga rusa. De vuelta en Italia, dirigió dos temporadas al Inter de Milán antes de llevar al SSC Napoli a la corona de la Serie A en la temporada 2022/23.

JUGADOR CLAVE

JORGINHO

POSICIÓN: Centrocampista
CLUB: Arsenal FC (INGLATERRA)
EDAD: 32
FECHA Y LUGAR DE NACIMIENTO: 20 de diciembre de 1991, Imbituba, Brasil
DEBUT COMO INTERNACIONAL: 24 de marzo de 2016, frente a España
INTERNACIONALIDADES: 50
GOLES: 5

Jorginho fue elegido Jugador del Año de la UEFA en 2021 después de ganar la UEFA EURO 2020 con la selección italiana y la Liga de Campeones con el Chelsea FC. El ancla del mediocampo italiano (cuyo nombre completo es Jorge Luiz Frello Filho) nació en Brasil y solo tenía 15 años cuando se unió al Hellas Verona italiano. En 2014 fichó por el SSC Napoli y ganó tanto la Copa de Italia como la Supercopa bajo la dirección del entrenador Maurizio Sarri. En 2018 acompañó a Sarri cuando fichó por el Chelsea de la Premier League, donde ganó la Europa League de la UEFA en 2019 y luego la mencionada Liga de Campeones. Jorginho, quien pudo optar por jugar con Italia gracias a las raíces de su abuelo, se decantó por los *Azzurri* en 2014 y debutó en la selección nacional dos años después.

Spalletti empezó su andadura como seleccionador con paso firme. El equipo logró un importante empate 1-1 en Macedonia del Norte y luego derrotó 2-1 a Ucrania en Milán. Esos dos goles, logrados en la primera mitad por el centrocampista del Inter Davide Frattesi, resultaron decisivos tanto para la victoria como para lograr la segunda posición del grupo al empatar 0-0 en el último encuentro frente a Ucrania.

Los trágicos acontecimientos que se viven en Ucrania provocaron que el partido se disputara en Leverkusen, Alemania. Una revisión del VAR por un posible penalti a favor de Ucrania en los últimos minutos dejó la clasificación italiana pendiente de un hilo, pero finalmente se desestimó y se mantuvo el empate sin goles. Las reglas de la fase de clasificación de la UEFA establecen los resultados en los enfrentamientos directos como el primer factor decisorio en caso de empate a puntos. Por lo tanto, la victoria en el encuentro de la primera vuelta combinada con el empate en el segundo enfrentamiento resultó determinante para clasificarse en segunda posición.

Spalletti declaró: «Podemos tomarnos un momento para darnos una palmadita en la espalda, pero, a partir de ahora, todo será más complicado. Ahora comienza la auténtica diversión».

Italia se prepara para la diversión con una defensa renovada. Donnarumma, designado el mejor jugador de la EURO 2020, sigue siendo indiscutible en la portería. Sorprendentemente, a pesar de todos sus logros, la estrella del Paris Saint-Germain solo tiene 25 años. Ya no podrá contar con la ayuda de sus antiguos escuderos, Giorgio Chiellini y Leonardo Bonucci. El veterano defensa del Inter Francesco Acerbi y el joven central del Torino Alessandro Buongiorno dieron un paso al frente para llenar el vacío de la vieja guardia en la fase de clasificación.

En la zona media, Jorginho y Nicola Barella han superado los 50 partidos con Italia, y también son habituales los veteranos Bryan Cristante y Marco Verratti. Los puestos de la delantera no están tan definidos. El único jugador del equipo que participó en la fase de clasificación que ha marcado más de 10 tantos con Italia fue el jugador de la Lazio de 34 años Ciro Immobile. No obstante, como demostró Italia hace tres años, los goles pueden llegar desde todas las líneas del equipo, ya que nada menos que siete jugadores diferentes vieron puerta en el camino que les llevó al título de la EURO 2020.

¿SABÍAS QUE...?

Italia disputará su undécima fase final de la EURO, y en solo dos ediciones no ha logrado superar la fase de grupos.

GRUPO B

ALBANIA

Albania participará en un gran torneo por segunda vez tras su debut en la EURO 2016. En esa ocasión, estuvo a punto de clasificarse para los octavos de final, así que, después de liderar su grupo de clasificación, el objetivo es superar la fase de grupos por primera vez.

Albania sorprendió quedando primera del Grupo E dirigida por un cuerpo técnico formado por sudamericanos. Al mando estuvo el brasileño Sylvinho, quien contó con la asistencia de su compatriota Doriva y de la antigua estrella internacional argentina Pablo Zabaleta.

Comenzaron su aventura albanesa en enero del pasado año con el objetivo de intentar levantar el ánimo del equipo después de que no lograra clasificarse para la Copa Mundial de la FIFA. Albania tenía por delante un desafío europeo complicado en un grupo que incluía a selecciones que habían disputado la Copa Mundial, como la República Checa o Polonia.

Albania solo perdió su primer partido, 1-0 en Polonia. Luego, encadenó una racha de cuatro victorias y tres empates, incluida la victoria contra Polonia por 2-0 en Tirana. A continuación, logró su victoria más decisiva, un 3-0 en casa contra la República Checa, con dos goles de Taulant Seferi y uno de Jasir Asani, jugador que disputa la liga coreana. Seferi ostenta el récord de ser el jugador más joven en disputar un partido internacional completo con Macedonia del Norte, su país de nacimiento, antes de adquirir la ciudadanía albanesa en 2017.

Albania se aseguró un lugar en la fase final, liderando la tabla y a falta de un partido, al empatar 1-1 contra Moldavia a domicilio. Sokol Cikalleshi abrió el marcador con un penalti después de que Seferi fuera derribado. El portero Etrit Berisha solo concedió un gol en los

ARRIBA: Albania ha participado en la fase de clasificación de la UEFA EURO en trece ocasiones anteriores, y solo ha alcanzado la fase final una vez, en 2016.

ALBANIA
en el Campeonato Europeo de Naciones de la UEFA

1960	No participó
1964	No se clasificó
1968	No se clasificó
1972	No se clasificó
1976	No participó
1980	No participó
1984	No se clasificó
1988	No se clasificó
1992	No se clasificó
1996	No se clasificó
2000	No se clasificó
2004	No se clasificó
2008	No se clasificó
2012	No se clasificó
2016	Fase de grupos
2020*	No se clasificó

*La edición de 2020 se jugó en 2021.

ENTRENADOR

SYLVINHO

Sylvinho ha saboreado el éxito en el gran escenario europeo. En 2006 y 2009, jugando como lateral izquierdo, ganó la Liga de Campeones de la UEFA con el FC Barcelona. Este fue el punto culminante de la carrera como jugador de Sylvio Mendes Campos Júnior. También jugó en el Corinthians brasileño, el Arsenal y el Manchester City ingleses, así como en el Celta de Vigo, antes de seguir vinculado al fútbol como entrenador. Tras formar parte del cuerpo técnico del Inter de Milán y del Corinthians, tomó la batuta como primer entrenador del Olympique de Lyon en Francia y de su antiguo club, el Corinthians. Sylvinho fue designado seleccionador albanés en enero de 2023.

JUGADOR CLAVE

ETRIT BERISHA

POSICIÓN: Portero
CLUB: Empoli FC (ITALIA)
EDAD: 35
FECHA Y LUGAR DE NACIMIENTO: 10 de marzo de 1989, Pristina, Kosovo
DEBUT COMO INTERNACIONAL: 27 de marzo de 2012, frente a Irán
INTERNACIONALIDADES: 80
GOLES: 0

Etrit Berisha nació en Kosovo, pero, de familia albanesa, se decantó por jugar con Albania. Debutó a las órdenes del entonces seleccionador nacional Gianni De Biasi en 2012. Su seguridad y su dominio del área le llevaron a consolidarse como el guardameta titular de la selección. Cuatro años después fue uno de los héroes que disputó la primera EURO con Albania. Berisha comenzó su carrera en Kosovo, y de adolescente se mudó a Suecia para enrolarse en el Kalmar FF. Fue elegido portero del año de la liga sueca en 2013 antes de fichar por la Lazio. Más tarde, formó parte del Atalanta, del SPAL, del Torino y, desde el pasado agosto, del Empoli. Berisha ha destacado por detener penaltis y, sobre todo, por algo mucho menos habitual en un cancerbero: convertirlos.

minutos finales. A su regreso a Tirana, la hinchada albanesa recibió a sus héroes llenando las calles para celebrar la clasificación. Un empate sin goles en casa contra Islas Feroe aseguró la primera posición del grupo para Albania, empatada a puntos con la República Checa, a quien superó por los resultados de los enfrentamientos directos.

Sylvinho declaró: «Esto es un sueño, algo hermoso. Increíble. Todos hicimos un gran trabajo». El primer ministro Edi Rama condecoró a Sylvinho con la medalla del Águila Dorada en reconocimiento a servicios cívicos destacados en favor de la nación. Fue el primer no albanés en recibir tal honor.

La plantilla de Albania está formada por jugadores de clubes de Bélgica, Croacia, República Checa, Inglaterra, Alemania, Italia, Corea del Sur, Rusia, España, Suecia, Turquía y Emiratos Árabes Unidos.

El equipo cuenta con una serie de internacionales con gran experiencia, como Berisha, el veterano portero que ya disputó la EURO 2016. Al mando de la defensa están Elseid Hysaj y el capitán nacido en Suiza Berat Djimsiti, con más de 50 partidos internacionales. El mediocampo también cuenta con jugadores experimentados, como Odise Roshi, Keidi Bare, Klaus Gjasula, Nedim Bajrami y Ylber Ramadani. Sin embargo, buena parte del éxito albanés responde a sus jóvenes delanteros, como Asani y Seferi. Asani y el centrocampista Bajrami fueron los máximos goleadores de Albania, con tres goles cada uno.

El fútbol llegó a Albania a principios de 1900, aunque su federación no se fundó hasta 1932. La selección nacional no debutó hasta 1946, en un partido contra la vecina Yugoslavia. Varios jugadores destacados, como Riza Lushta, Loro Borici y Naim Kryeziu, jugaron en Italia a principios de la década de 1940. Más tarde cabe mencionar la irrupción destacada de Panajot Pano, quien brilló en la década de 1950 y principios de la de 1960, y cuyo hijo también se convirtió en internacional, y posteriormente a Sulejman Demollari.

Para entonces, Albania empezó a emerger del aislamiento político y deportivo y comenzó a participar en las rondas de clasificación para la EURO y la Copa Mundial. A causa de su falta de experiencia internacional, no logró llegar a una fase final hasta la EURO 2016.

En Francia, una victoria por 1-0 sobre Rumania en el último partido de grupo le supuso alcanzar el tercer lugar, pero no fue suficiente para llegar a los octavos de final. Ahora lo intentará de nuevo.

¿SABÍAS QUE...?

La selección albanesa, conocida como los Rojinegros o las Águilas, competirá en la fase final de un torneo importante por segunda vez, después de su debut en la EURO 2016.

1972

Momentos mágicos:
BECKENBAUER, UN INNOVADOR

29 DE ABRIL DE 1972 / WEMBLEY

La selección de Alemania absoluta nunca había logrado ganar en Inglaterra cuando acudió a Wembley, con Helmut Schön como entrenador, para disputar el encuentro de ida de los cuartos de final de la EURO 1972. Su plantilla se había visto debilitada por las lesiones, lo que provocó la incorporación de los jóvenes del Bayern de Múnich Paul Breiter, Hans-Georg Schwarzenbeck y Uli Hoeneß. Sin embargo, la brillante conexión entre el innovador líbero y capitán Franz Beckenbauer y el mediapunta Günter Netzer alumbró al combinado germano para alzarse con la victoria por 1-3. Hoeneß, Netzer y Gerd Müller marcaron los goles que provocaron la cuarta derrota de Inglaterra en Wembley ante rivales continentales. Alemania Occidental ganó su primera corona europea al imponerse por 3-0 a la Unión Soviética en la final celebrada en Bruselas. Dos años más tarde, Beckenbauer y sus compañeros ganaron también la Copa Mundial de la FIFA.

IZQUIERDA: El capitán Franz Beckenbauer pugna con Norman Hunter mientras lidera a Alemania Occidental a doblegar a Inglaterra en Berlín Occidental camino de la semifinal del Campeonato de Europa de 1972.

UEFA EURO2024 GERMANY

GRUPO C

La selección danesa se proclamó campeona en 1992 y llegó a la semifinal en 1964, 1984 y 2020. Inglaterra fue subcampeona de la UEFA EURO 2020 y semifinalista en 1968 y 1996. Serbia (y Montenegro) alcanzó los cuartos de final en 2000. Por su parte, para Eslovenia será su segunda aparición en una fase final. Inglaterra se enfrentó a Dinamarca en las semifinales de la EURO 2020.

- Eslovenia
- Dinamarca
- Serbia
- Inglaterra

GRUPO C
ESLOVENIA

En su cuarta aparición en un torneo grande, Eslovenia debe aspirar a llegar a los octavos de final, hito que se le resistió en la EURO 2020 y en sus dos participaciones en la Copa Mundial de la FIFA. Llegan con la confianza por todo lo alto tras una fase de clasificación en la que se les escapó la primera posición solo por los resultados de los enfrentamientos directos frente a Dinamarca.

El Grupo H presentó el formidable desafío de un grupo de seis equipos, con Dinamarca, Finlandia, Kazajistán, Irlanda del Norte y San Marino. Eslovenia comenzó con buen pie gracias a una victoria en Kazajistán tras remontar el 1-0 con el que se llegó al descanso con dos goles en la segunda mitad logrados por David Brekalo, defensor del Viking FK de Noruega, y Žan Vipotnik, del Girondins de Burdeos.

Vipotnik debutó con la selección absoluta en el minuto 70 y logró el gol que le dio la victoria a su país apenas ocho minutos después. De esta forma, se convirtió en el segundo jugador más joven, con solo 21 años, en marcar con Eslovenia. Casualmente, el más joven, Benjamin Šeško, anotó el primer gol de Eslovenia en el siguiente encuentro, una victoria por 2-0 sobre San Marino. Eslovenia cerró la campaña de primavera con una derrota dolorosa en Finlandia y un empate en casa contra la favorita del grupo, Dinamarca.

Retomaron la senda del triunfo en otoño antes del decisivo partido final contra Kazajistán. Eslovenia necesitaba como mínimo empatar, pero acabó ganando por 2-1 con un gol en la primera parte de Šeško (de penalti) y otro en la segunda de Benjamin Verbič. Gracias a la victoria, Eslovenia igualó a puntos con Dinamarca, aunque acabó en segunda posición por sus enfrentamientos directos. Eslovenia regresaba a la EURO

ARRIBA: Eslovenia consiguió el billete para una fase final de la UEFA EURO en la edición de 2000. Tan solo era su segunda participación en una fase de clasificación.

ESLOVENIA en el Campeonato Europeo de Naciones de la UEFA

1960	Sin selección nacional
1964	Sin selección nacional
1968	Sin selección nacional
1972	Sin selección nacional
1976	Sin selección nacional
1980	Sin selección nacional
1984	Sin selección nacional
1988	Sin selección nacional
1992	Sin selección nacional
1996	No se clasificó
2000	Fase de grupos
2004	No se clasificó
2008	No se clasificó
2012	No se clasificó
2016	No se clasificó
2020*	No se clasificó

*La edición de 2020 se jugó en 2021.

ENTRENADOR

MATJAŽ KEK

Matjaž Kek afronta su segunda etapa como seleccionador. Comenzó su carrera como entrenador en su ciudad natal, Maribor, y llevó al equipo a lograr el título de liga en 2000 y 2003. Tres años después, Kek fue nombrado primer entrenador de los equipos juveniles nacionales. En 2007 asumió la selección absoluta y clasificó al equipo para la fase final de la Copa Mundial de la FIFA en Sudáfrica. Más tarde entrenó al Al-Ittihad en Arabia Saudí antes de guiar al HNK Rijeka croata a un título de liga y dos copas. Kek fue nuevamente nombrado seleccionador esloveno en noviembre de 2018, logrando el hito de clasificar al equipo nacional para la UEFA EURO 2020.

JUGADOR CLAVE

BENJAMIN ŠEŠKO

POSICIÓN: Delantero
CLUB: RB Leipzig (ALEMANIA)
EDAD: 21
FECHA Y LUGAR DE NACIMIENTO: 31 de mayo de 2003, Radeče
DEBUT COMO INTERNACIONAL: 1 de junio de 2021, frente a Macedonia del Norte
INTERNACIONALIDADES: 26 • **GOLES**: 10

Benjamin Šeško tuvo un papel crucial con sus cinco goles en la fase de clasificación de Eslovenia para la UEFA EURO 2024. Šeško nació y creció en la región eslovena oriental de Radeče y empezó a destacar como goleador a los 15 años en el NK Krško. Mantuvo su olfato goleador en el NK Domžale, equipo por el que fichó en 2018. Un año después, recaló en el fútbol austriaco al fichar por el FC Salzburgo. Šeško estuvo un período cedido en el FC Liefering antes de debutar en el primer equipo con el Salzburgo y formar parte de la plantilla que ganó la liga y la copa en la temporada 2021/22. En el 2023, fue el máximo goleador del campeonato y repitió título de liga, antes de fichar por el RB Leipzig. Šeško se convirtió en el internacional más joven en debutar con Eslovenia con 18 años y un día, en un encuentro que acabó con empate 1-1 contra Macedonia del Norte.

más de 20 años después de su única aparición anterior en Bélgica y los Países Bajos en 2000. Šeško fue su máximo goleador con cinco goles.

El entrenador Matjaž Kek declaró: «Estamos felices, encantados y orgullosos. Esta generación de futbolistas se lo merece. Han devuelto la fe en el fútbol esloveno». El presidente de la UEFA, el esloveno Aleksander Čeferin, lo describió como «un día feliz para el fútbol de Eslovenia, para Eslovenia y para el deporte esloveno».

Eslovenia, ahora limitada por Austria, Croacia, Hungría e Italia, se integró en el nuevo estado de Yugoslavia en 1918. Por lo tanto, no contaba con un equipo de fútbol nacional, aunque un equipo representativo de la región perdió 5-0 ante un combinado de jugadores franceses en 1921. Disputó algunos encuentros más antes de que Eslovenia se separara de Yugoslavia en 1992 y de que la nueva federación se uniera a la UEFA.

En el año 2000, Eslovenia hizo historia al debutar en un torneo importante, la EURO celebrada conjuntamente en Bélgica y los Países Bajos. Se clasificaron después de vencer a Ucrania 3-2 en el global de la eliminatoria a doble partido. En la fase final, ganaban 3-0 a sus vecinos de Serbia y Montenegro antes de que les remontasen con tres goles tardíos, perdieron contra España y fueron eliminados por un empate con Noruega.

La estrella del actual equipo, que ha puesto fin a la ausencia de dos décadas en la EURO, es el portero del Atlético de Madrid Jan Oblak, considerado uno de los mejores del mundo. También destacan los experimentados defensas Petar Stojanović, de la Sampdoria, y Jaka Bijol, del Udinese. En el centro del campo, Jasmin Kurtić ha jugado más de 80 partidos con Eslovenia, mientras que Verbič también atesora más de 50 internacionalidades.

Šeško ha emergido en la fase de clasificación como la nueva estrella en el ataque de Eslovenia, donde destaca también Luka Zahović, hijo de Zlatko Zahović, quien lideró el ataque de Eslovenia en la EURO 2000 y se mantiene como el máximo goleador de la historia de la selección con 35 tantos.

¿SABÍAS QUE...?

Eslovenia alcanzó por última y única vez la UEFA EURO en 2000, donde fueron eliminados en la fase de grupos.

GRUPO C

DINAMARCA

Dinamarca forma parte del selecto grupo de diez países que han ganado una Campeonato Europeo de la UEFA. El equipo, apodado la Dinamita Roja, se impuso en 1992, y sucesivas generaciones han soñado con recrear esos días de gloria. La EURO 2024 ofrece otra oportunidad para intentarlo.

Dinamarca terminó primera del Grupo H de clasificación a falta de un partido, tras iniciar su andadura de forma inmejorable imponiéndose a Finlandia por 3-1 gracias a un triplete de Rasmus Højlund. Este mismo jugador repitió con un doblete en el siguiente partido para poner a Dinamarca 0-2 al descanso en Kazajistán. Sin embargo, los anfitriones remontaron en los últimos minutos y los daneses perdieron 3-2.

Dinamarca recuperó impulso en la campaña de primavera con una victoria en casa sobre Irlanda del Norte y un empate 1-1 en Eslovenia. Luego, encadenó una racha de cinco victorias consecutivas que culminaron con el decisivo 2-1 sobre Eslovenia.

Thomas Delaney, cuya participación en la Copa Mundial de la FIFA 2022 había sido empañada por las lesiones, marcó el segundo y decisivo gol que hizo justicia a la mejor actuación de Dinamarca y supuso la clasificación para la fase final. La victoria fue aún más destacada al lograrse a pesar de las ausencias de Højlund, el capitán Simon Kjær y el mediapunta Christian Eriksen. Dinamarca y Eslovenia terminaron empatadas a 22 puntos, pero Dinamarca se aupó al primer lugar por delante de Eslovenia gracias a una victoria y un empate en sus enfrentamientos directos.

Dinamarca se puede remontar a más de un siglo para rememorar sus

ARRIBA: Dinamarca regresa a una fase final en busca de una victoria que emule su triunfo de 1992. También ha sido semifinalista en dos ocasiones.

DINAMARCA
en el Campeonato Europeo de Naciones de la UEFA

1960	No se clasificó
1964	Cuarto puesto
1968	No se clasificó
1972	No se clasificó
1976	No se clasificó
1980	No se clasificó
1984	Semifinales
1988	Fase de grupos
1992	CAMPEONA
1996	Fase de grupos
2000	Fase de grupos
2004	Fase de grupos
2008	No se clasificó
2012	Fase de grupos
2016	No se clasificó
2020*	Semifinales

*La edición de 2020 se jugó en 2021.

ENTRENADOR

KASPER HJULMAND

Kasper Hjulmand, de 52 años, inició su etapa como entrenador después de que su carrera como futbolista se viera truncada por una lesión de rodilla a los 26 años. Su primer cargo importante fue en el Lyngby BK, y luego guio al Nordsjælland al título de liga en 2012. En 2014, Hjulmand fichó por el 1. FSV Mainz 05 alemán antes de regresar al Nordsjælland. En 2020, sucedió a Age Hareide al mando de la selección nacional. En 2021, llevó a Dinamarca a las semifinales de la EURO, donde cayó en la prórroga frente a Inglaterra en Wembley. Los hombres de Hjulmand no superaron la fase de grupos en la Copa Mundial de la FIFA 2022.

JUGADOR CLAVE

RASMUS HØJLUND

POSICIÓN: Delantero
CLUB: Manchester United FC (INGLATERRA)
EDAD: 21
FECHA Y LUGAR DE NACIMIENTO: 4 de febrero de 2003, Copenhague
DEBUT COMO INTERNACIONAL: 22 de septiembre de 2022, frente a Croacia
INTERNACIONALIDADES: 10
GOLES: 7

Rasmus Højlund se ha revelado como la irrupción más prometedora del fútbol danés en muchos años. El delantero nacido en Copenhague hizo su debut en la selección nacional durante la Liga de Naciones de la UEFA 2022 y no logró su primera titularidad hasta el encuentro contra Finlandia de la fase de clasificación para la EURO, en el que logró un impresionante triplete. Terminó la campaña como máximo goleador de Dinamarca con siete goles. Mientras tanto, Højlund fichó por el Manchester United por una cifra cercana a los 85 millones de €. Inició su carrera en el FC Copenhagen y su progresión ha sido meteórica. En enero de 2022, se unió al Sturm Graz austriaco, pero a los seis meses fue traspasado al Atalanta italiano. Højlund anotó nueve goles en 32 encuentros de la Serie A antes de ser traspasado al United en agosto de 2023.

primeros pasos exitosos en el panorama internacional. Los daneses se impusieron en la competición de fútbol de los Juegos Olímpicos de 1906 y fueron subcampeones en 1908 y 1912. Uno de sus jugadores más destacados fue Nils Middelboe, quien más tarde jugó en Inglaterra en las filas del Chelsea FC.

Pero después llegó un largo período de decadencia, que terminó en la década de 1970. Una avalancha de destacados jugadores, liderados por el Jugador Europeo del Año en 1977, Allan Simonsen, emigraron para jugar en el extranjero. Esto propició que en 1976 se dejara sin efecto la prohibición de que los «exiliados» pudieran jugar en el equipo nacional. Estrellas como Simonsen, Michael Laudrup, Preben Elkjær, Jesper Olsen, Morten Olsen y Søren Lerby pusieron al servicio de la selección su experiencia internacional, y los resultados fueron inmediatos. Dinamarca volvía a ser una potencia como selección nacional.

Estos jugadores, junto a otras nuevas estrellas, formaron el núcleo del equipo que llegó a las semifinales en la EURO 1984 disputada en Francia y a los octavos de final en la Copa Mundial de México dos años después. Una nueva generación, de la que formaba parte el hermano de Michael Laudrup, Brian, tomó el relevo para llevar a Dinamarca a cosechar el título europeo en 1992. Sorprendentemente, la selección danesa accedió a la fase final a última hora para sustituir a Yugoslavia.

Posteriormente, Dinamarca ha llegado a las fases finales de la EURO y la Copa Mundial en cinco ocasiones. Las semifinales de la edición aplazada de 2020 fue su participación más destacada. El capitán Kjær y el equipo médico de la DBU recibieron un galardón de la UEFA por su rápida reacción después de que el centrocampista Christian Eriksen sufriera un paro cardíaco durante un partido de la fase de grupos contra Finlandia.

Eriksen logró recuperarse y ha retomado su carrera. Es uno de los nueve jugadores en el equipo con más de 50 internacionalidades. Kasper Schmeichel ha sido el portero titular durante una década, mientras que la defensa ha sido liderada por Kjær, el jugador danés con más partidos internacionales, junto con Andreas Christensen y Jens Stryger Larsen. Eriksen se ha visto secundado en el centro del campo por Delaney y Pierre-Emile Højbjerg, mientras que en el ataque los más asiduos han sido Martin Braithwaite y el prometedor Højlund.

¿SABÍAS QUE...?

Dinamarca viajará a Alemania para disputar su décima UEFA EURO. Será su tercera participación en las últimas cuatro ediciones del torneo.

GRUPO C
SERBIA

Serbia disputará la UEFA EURO por primera vez desde la fragmentación de la antigua Yugoslavia. El entrenador Dragan Stojković lideró a su equipo en una fase de clasificación complicada, en la que se puso de manifiesto la capacidad de los jugadores que tiene a su disposición.

Desde 1930 se extendió la comparativa de que Yugoslavia era como la Argentina de Europa, debido a todo el talento futbolístico que exportaba. Precisamente en 1930 Yugoslavia fue una de las cuatro únicas naciones europeas que compitieron en la edición inaugural de la Copa Mundial de la FIFA, celebrada en Uruguay. Los yugoslavos volvieron a ser pioneros en la primera Copa de Naciones, en 1958-60. La selección nacional llegó a la final de París y perdió contra la Unión Soviética.

Volvieron a ser subcampeones en 1968, mientras que el Estrella Roja de Belgrado, uno de sus dos principales clubes junto con el Partizan, ganó la Copa de la UEFA y luego la Copa de Europa antes de que Yugoslavia se desmembrara a principios de la década de 1990. Serbia y Montenegro emergió con una selección nacional que alcanzó la fase final del Mundial de Francia 1998, inspirada por estrellas como Dejan Savićević, Predrag Mijatović o Siniša Mihajlović.

Dos años después, Serbia y Montenegro se clasificó para la EURO de Bélgica y Países Bajos. Alcanzó los cuartos de final, donde cayó contra los neerlandeses. La unión política con Montenegro se disolvió en 2006. Desde entonces, Serbia ha participado tres veces en la fase final de la Copa Mundial, pero esta será la primera EURO que dispute en solitario.

ARRIBA: Serbia ha logrado poner fin a una ausencia de dos décadas en el panorama internacional gracias a su clasificación para la fase final de la UEFA EURO.

SERBIA
en el Campeonato Europeo de Naciones de la UEFA

1960**	Subcampeona
1964**	No se clasificó
1968**	Subcampeona
1972**	No se clasificó
1976**	Cuarto puesto
1980**	No se clasificó
1984**	Fase de grupos
1988**	No se clasificó
1992**	Descalificada
1996**	No participó
2000**	Cuartos de final
2004***	No se clasificó
2008	No se clasificó
2012	No se clasificó
2016	No se clasificó
2020*	No se clasificó

*La edición de 2020 se jugó en 2021.
**Como Yugoslavia
***Como Serbia y Montenegro

ENTRENADOR

DRAGAN STOJKOVIĆ

Dragan Stojković, de 59 años, fue nombrado seleccionador el día de su cumpleaños en marzo de 2021, justo a tiempo para liderar a Serbia en la clasificación para la Copa Mundial de la FIFA y, más recientemente, para la UEFA EURO 2024. *Piksi* Stojković, apodado así por un personaje de dibujos animados, llegó al puesto con el estatus de ser uno de los futbolistas más importantes de la época modera de Serbia. Anotó 15 goles en 84 partidos con la antigua Yugoslavia, muchos de ellos como capitán. Más tarde fue presidente de la federación nacional de fútbol y luego de su antiguo club, el Estrella Roja, antes de entrenar en Japón y en China.

JUGADOR CLAVE

DUŠAN TADIĆ

POSICIÓN: Delantero
CLUB: Fenerbahçe SK (TURQUÍA)
EDAD: 35
FECHA Y LUGAR DE NACIMIENTO: 20 de noviembre de 1988, Bačka Topola
DEBUT COMO INTERNACIONAL: 14 de diciembre de 2008, frente a Polonia
INTERNACIONALIDADES: 104 • **GOLES**: 22

Dušan Tadić disputó los Juegos Olímpicos de Pekín 2008 con Serbia y luego fue convocado por la selección absoluta para un amistoso contra Polonia. Pasó a ser un habitual en las fases finales de la Copa Mundial de la FIFA 2018 y 2022, esta última como capitán. Tadić celebró sus 100 partidos internacionales con una victoria por 1-3 en Lituania durante la fase de clasificación para la EURO el pasado septiembre. La carrera profesional de Tadić lo llevó de Voivodina a los Países Bajos, donde jugó con el Groningen y el Twente. Posteriormente firmó por el Southampton FC inglés, antes de regresar a los Países Bajos para enrolarse en las filas del Ajax. En Ámsterdam brilló durante cinco temporadas, ganando tres títulos de liga y dos copas nacionales, además de ser reconocido como mejor jugador de la temporada 2021. En 2023, firmó por el Fenerbahçe.

Serbia formó parte del Grupo G, junto con sus países vecinos Bulgaria, Hungría y Montenegro, además de Lituania, a quienes vencieron 2-0 en su primer partido en Belgrado. El veterano Dušan Tadić y el delantero de la Juventus Dušan Vlahović marcaron los goles para asegurarse un inicio de competición inmejorable. Vlahović anotó también los dos goles tardíos que decidieron el encuentro contra la selección de Montenegro en Podgorica. Serbia remató la primera vuelta empatada con Hungría en la primera posición.

La reanudación de la competición se saldó con sendas derrotas tanto en casa como a domicilio ante Hungría. Posteriormente, Serbia recuperó la senda de la victoria derrotando en casa a Montenegro. Su máximo goleador histórico, Aleksandar Mitrović, consiguió dos tantos en la victoria por 3-1, antesala del último y definitivo encuentro en casa ante Bulgaria. Serbia afrontaba esta última jornada dos puntos por delante de Montenegro y dos por detrás de Hungría, ya clasificada. Un punto le garantizaba la clasificación para la fase final, incluso aunque Montenegro lograra ganar en Budapest. El partido se mantuvo empatado hasta que Bulgaria logró adelantarse 1-2 a mediados del segundo tiempo. Faltaban ocho minutos para el final del tiempo reglamentario cuando Srđan Babić cabeceó desde dentro del área para asegurar el empate, el punto y la clasificación para Alemania como segunda de grupo.

El veterano entrenador Dragan Stojković buscará una vez más que Mitrović sea una amenaza constante en el ataque durante la fase final. Mitrović, campeón juvenil europeo con Serbia y Montenegro, ha liderado el ataque de la selección nacional durante una década y ahora cuenta con el apoyo del talentoso Vlahović.

Predrag Rajković (RCD Mallorca) y Vanja Milinković-Savić (Torino) han ido compartiendo la titularidad en la portería, mientras que el jugador del Sevilla FC Nemanja Gudelj y Nikola Milenković (Fiorentina) han aportado seguridad defensiva. En el centro del campo, el entrenador Stojković ha tenido la difícil tarea de tener que elegir entre Tadić, el jugador de la Juventus Filip Kostić, Nemanja Maksimović (Getafe CF), Filip Đuričić (Panathinaikos), Nemanja Radonjić (RCD Mallorca) y Saša Lukić (Fulham).

Ha sido una larga espera, pero Serbia ha vuelto.

¿SABÍAS QUE...?

Los futbolistas serbios han estado ausentes de las fases finales desde que la entonces Serbia y Montenegro hiciera su debut en el torneo hace 24 años.

GRUPO C

INGLATERRA

Inglaterra es una de las selecciones con más solera dentro del panorama futbolístico internacional y, como no, de la EURO 2024. Tras caer derrotada dramáticamente en la última final del torneo por penaltis frente a Italia en su feudo de Wembley, arderá en deseos de quitarse la espina clavada y alcanzar la gloria.

Tras ocho años en el cargo, Gareth Southgate es uno de los seleccionadores nacionales con más experiencia en todo tipo de torneos. Conoce a la perfección cómo se desarrollan y cómo afrontar competiciones de la máxima exigencia. No en vano, al término de la fase de clasificación, había dirigido a Inglaterra en 91 ocasiones, una cifra solo superada por sir Bobby Robson (95), sir Alf Ramsey (113) y sir Walter Winterbottom (139).

Inglaterra dejó su impronta por primera vez en lo que entonces era la Copa de Naciones en su tercera edición, celebrada en 1968, cuando los entonces campeones de la Copa Mundial de la FIFA alcanzaron las semifinales. La selección inglesa no volvió a meterse en una fase final hasta 1996, cuando llegó a las semifinales como anfitriona, donde cayó derrotada en la tanda de penaltis frente a Alemania. Precisamente fue el propio Southgate el desafortunado jugador que falló el último lanzamiento de Inglaterra.

En 2016, Southgate regresó al combinado inglés como seleccionador y, en un breve período de tiempo, alcanzó las semifinales tanto de la Copa Mundial de la FIFA 2018 como de la Liga de Naciones de la UEFA en 2019. Inglaterra mantuvo su buena trayectoria alcanzando la final de la EURO 2020 y luego los cuartos de final de la Copa Mundial de la FIFA 2022 disputada en Catar.

ARRIBA: Inglaterra participará por undécima vez en la fase final, de la que solo ha estado ausente en una ocasión desde su aparición en la fase de grupos en 1988.

INGLATERRA en el Campeonato Europeo de Naciones de la UEFA

1960	No participó
1964	No se clasificó
1968	Tercer puesto
1972	No se clasificó
1976	No se clasificó
1980	Fase de grupos
1984	No se clasificó
1988	Fase de grupos
1992	Fase de grupos
1996	Semifinales
2000	Fase de grupos
2004	Cuartos de final
2008	No se clasificó
2012	Cuartos de final
2016	Octavos de final
2020*	Subcampeona

*La edición de 2020 se jugó en 2021.

ENTRENADOR

GARETH SOUTHGATE

Gareth Southgate hace gala de unos envidiables números como seleccionador de Inglaterra, tras haber llevado a su país a la final de la EURO 2020 después de alcanzar las semifinales de la Copa Mundial de la FIFA en Rusia 2018. Southgate, de 53 años, había sido 57 veces internacional con Inglaterra, principalmente ocupando la posición de defensa o de centrocampista entre 1995 y 2004. Participó en la fase final de la Copa Mundial de 1998 y en las EURO de 1996 y de 2000. Posteriormente, dirigió al Middlesbrough FC durante tres años, hasta que en 2009 se incorporó a la federación de su país. Dirigió a la selección sub-21 de 2013 a 2016, año en el que ascendió a seleccionador absoluto.

JUGADOR CLAVE

JUDE BELLINGHAM

POSICIÓN: Centrocampista
CLUB: Real Madrid CF (ESPAÑA)
EDAD: 20
FECHA Y LUGAR DE NACIMIENTO: 29 de junio de 2003, Stourbridge
DEBUT COMO INTERNACIONAL: 2 de noviembre de 2020, frente a la Rep. de Irlanda
INTERNACIONALIDADES: 27
GOLES: 2

Jude Bellingham se ha consolidado como uno de los jugadores jóvenes más destacados de Europa desde que pasó del Birmingham City y el Borussia Dortmund al Real Madrid el verano de 2023 por una cifra de 103 millones de €. El centrocampista ofensivo se convirtió en 2019 en el debutante más joven del Birmingham con 16 años y 38 días. En el Dortmund pasó tres temporadas, en las que ganó la Copa de Alemania y fue elegido mejor jugador de la Bundesliga. En el Madrid, Bellingham se hizo con el dorsal número 5 del gran Zinedine Zidane y tuvo un comienzo explosivo con diez goles en sus diez primeros partidos. Ha sido internacional sub-15, sub-16, sub-17 y sub-21 antes de debutar con la selección absoluta en 2020 y participar en la EURO 2020 y en la Copa Mundial de la FIFA 2022. En Catar marcó en la victoria de Inglaterra sobre Irán.

Southgate ha confiado en un bloque de jugadores como núcleo de la selección formado por Jordan Pickford en la portería; Kyle Walker, John Stones y Harry Maguire en defensa; Declan Rice en el mediocampo y Harry Kane en el centro del ataque, apoyado por una nómina creciente de jóvenes y talentosos jugadores, como Phil Foden, Bukayo Saka, Marcus Rashford y Jack Grealish. De cara a la EURO que se disputará en Alemania, además contará con la irrupción de Jude Bellingham. El centrocampista del Real Madrid formó parte de la selección inglesa en la EURO 2020 antes de consolidarse como titular durante la Copa Mundial 2022 y la fase de clasificación para la EURO 2024.

Inglaterra se hizo con el mando del Grupo C de clasificación desde el principio. Avisó al resto de Europa derrotando a la vigente campeona, Italia, por 1-2 en el Estadio Diego Armando Maradona de Nápoles. Cuando Kane, de penalti, marcó el segundo gol de Inglaterra, superó el récord de Wayne Rooney de 53 tantos. Inglaterra logró su primera victoria en Italia desde 1961 a pesar de la tarjeta roja que vio el defensa Luke Shaw en los últimos compases del encuentro.

Kane y compañía siguieron su exitosa andadura con victorias en casa contra Ucrania, a domicilio contra Malta, en casa nuevamente contra Macedonia del Norte (en la que Saka marcó un triplete), antes de ceder sus primeros puntos en un empate 1-1 contra Ucrania en Breslavia (Polonia). Pero este empate no fue más que un contratiempo pasajero.

La clasificación quedó asegurada en la siguiente jornada, con una victoria por 3-1 sobre Italia en Wembley. Este triunfo supuso la primera victoria de Inglaterra en casa contra los *Azzurri* desde 1977. Kane marcó dos goles, uno de ellos de penalti, para ampliar su cuenta con Inglaterra y superar el récord histórico de sir Bobby Charlton de 23 goles de un jugador inglés en Wembley.

A falta de dos partidos, Inglaterra había asegurado su billete para Alemania. A propósito de la clasificación, Southgate no tuvo reparos en reconocer que sería una de las favoritas: «Tenemos que aceptar las expectativas. La presión llega cuando las expectativas son diferentes a la realidad, y la realidad es que vamos a ser uno de los equipos capaces de ganar en Alemania. Nos sentimos cómodos con eso».

¿SABÍAS QUE…?

Inglaterra jugó su primer partido contra Escocia en 1872, pero no se enfrentó a ningún rival que no fuera británico o irlandés hasta 1908.

1984

Momentos mágicos:

UN PLATINI DE RÉCORD

27 DE JUNIO DE 1984 / PARÍS

Michel Platini ejerció de capitán y goleador en el camino victorioso que llevó a la anfitriona Francia a suceder en el trono a Alemania Occidental en 1984. La victoria supuso un bálsamo a la derrota que la selección francesa había sufrido también como anfitriona en la semifinal de 1960. La Francia del entrenador Michel Hidalgo fraguó su éxito a partir de una talentosa línea de centrocampistas en la que Platini contó con el apoyo de Alain Giresse, Jean Tigana y Luis Fernández. En la fase de grupos, Platini anotó el único gol de la victoria en el partido inaugural contra Dinamarca y luego consiguió un triplete contra Bélgica y contra Yugoslavia. Además, su gol en la prórroga sirvió para derrotar a Portugal en una emocionante semifinal. Platini coronó un torneo perfecto al convertir un tiro libre que supuso el primer gol de la victoria por 2-0 ante España en la final, alzando, como capitán, la codiciada Copa Henri Delaunay.

DERECHA: El capitán y máximo goleador Michel Platini convierte una falta para abrir el marcador en la victoria de Francia ante España en la final de 1984.

IKO
canon
Coca-Cola
10

UEFA
EURO2024
GERMANY

GRUPO D

Francia ha sido campeona en dos ocasiones, subcampeona una vez y semifinalista en otras dos. Los Países Bajos se impusieron en 1988 y han quedado semifinalistas en cuatro ocasiones. Tanto Francia como los Países Bajos llegaron a los octavos de final de la UEFA EURO 2020. Austria también alcanzó los octavos de final en la EURO 2020, en la que fue su tercera participación en la fase final.

- Ganador del playoff A
- Países Bajos
- Austria
- Francia

Playoffs: Ruta A
POLONIA

Tras alcanzar los octavos de final en la Copa Mundial de la FIFA 2022, Polonia terminó en tercer lugar del Grupo E de la fase de clasificación para la UEFA EURO 2024.

Verse superados por Albania y la República Checa fue una decepción para la Asociación de Fútbol de Polonia y los aficionados polacos. Como consecuencia, el veterano entrenador portugués Fernando Santos fue reemplazado por Michał Probierz, quien se había hecho cargo de la selección sub-21 para el campeonato de la UEFA. El capitán Robert Lewandowski sigue siendo el jugador más destacado de Polonia: ha sido elegido futbolista del año en Polonia en 11 ocasiones, ganó la Bota de Oro como el máximo goleador de las ligas europeas en 2021 y 2022 y ha sido proclamado dos veces mejor jugador de la FIFA. Lewandowski empezó su carrera en el Legia de Varsovia, antes de formar parte del Znicz Pruszków y del Lech Poznań. A continuación, siguió su carrera en Alemania, donde formó parte del Borussia Dortmund y del Bayern de Múnich, previo traspaso al FC Barcelona. Otros jugadores con una amplia experiencia que participaron en los partidos de clasificación fueron el portero Wojciech Szczęsny, los defensas Bartosz Bereszyński y Jan Bednarek, los centrocampistas Grzegorz Krychowiak y Kamil Grosicki, o el delantero Arkadiusz Milik.

ENTRENADOR

MICHAŁ PROBIERZ

JUGADOR CLAVE

ROBERT LEWANDOWSKI

POSICIÓN: Delantero
CLUB: FC Barcelona (ESPAÑA)
EDAD: 35

Polonia logró un puesto en la repesca gracias a su clasificación en la Liga A de la Liga de Naciones de la UEFA.

Playoffs: Ruta A
GALES

Gales llega a la repesca con la intención de lograr su tercera participación consecutiva en la fase final, tras disputar las semifinales en 2016 y la fase de grupos en 2020.

El entrenador Robert Page y sus Dragones Rojos se quedaron a un paso de la clasificación directa al terminar en el tercer lugar del Grupo D por detrás de Turquía y de Croacia. Obtuvieron un puesto en la repesca a través de la Liga de Naciones de la UEFA. Gales afrontó bien posicionada el apretado desenlace de su grupo de clasificación para la EURO, pero se quedó sin opciones después de empatar 1-1 sus últimos partidos contra Armenia y Turquía. El equipo echó de menos el liderazgo de su máximo goleador histórico, Gareth Bale, quien se retiró después de la Copa Mundial de la FIFA de Catar, donde Gales no superó la fase de grupos. Pero Page aún contaba con un equipo con experiencia competitiva, que incluía al portero Wayne Hennessey, a los defensas Ben Davies y Connor Roberts, a los centrocampistas Harry Wilson y Ethan Ampadu, además del explosivo extremo Daniel James y del prometedor delantero del Tottenham Brennan Johnson. Y, sobre todo, Gales aún podía contar con la habilidad de Aaron Ramsey en el centro del campo. Ramsey regresó a Gales para jugar en el Cardiff después de pasar por el Arsenal, el Nottingham Forest, la Juventus, el Rangers y el OGC Niza.

ENTRENADOR

ROBERT PAGE

JUGADOR CLAVE

AARON RAMSEY

POSICIÓN: Centrocampista
CLUB: Cardiff City FC (GALES)
EDAD: 33

Gales fue semifinalista en la UEFA EURO 2016 celebrada en Francia.

Playoffs: Ruta A
FINLANDIA

Finlandia afronta la repesca con la ambición de regresar a la fase final después de hacer su debut en el escenario internacional en la UEFA EURO 2020.

El seleccionador Markku Kanerva, un exprofesor que tomó las riendas del equipo nacional en 2016, lideró a Finlandia a alcanzar el tercer puesto del disputado Grupo H de clasificación para la EURO, por detrás de Dinamarca y Eslovenia. Lograron colarse en la repesca gracias a haber terminado en segunda posición del Grupo B3 de la Liga de Naciones de la UEFA, por detrás de Bosnia y Herzegovina. El máximo goleador de Finlandia en la fase de clasificación para la EURO fue Daniel Håkans, un extremo de 23 años del Vålerenga. Tras debutar en la selección a mediados de la fase de clasificación en junio de 2023, marcó tres goles en nueve minutos en su segundo encuentro, que acabó con victoria de Finlandia por 6-0 sobre San Marino. El ataque de Finlandia también se benefició de la experiencia de Teemu Pukki, quien es el máximo goleador de la historia del país con más de 30 goles en sus más de 100 partidos internacionales desde 2009. Pukki ahora juega en los Estados Unidos con el Minnesota United, equipo por el que fichó en 2023 después de disputar las últimas cinco temporadas en el Norwich City de la Premier League.

ENTRENADOR

MARKKU KANERVA

JUGADOR CLAVE

DANIEL HÅKANS

POSICIÓN: Delantero
CLUB: Vålerenga Fotball (FINLANDIA)
EDAD: 23

Finlandia tiene como objetivo lograr su segunda participación consecutiva en la fase final de la EURO.

Playoffs: Ruta A
ESTONIA

Estonia llega a la repesca con la tentadora posibilidad de lograr un lugar entre la élite competitiva europea por primera vez en su historia futbolística.

Estonia comenzó su andadura en la escena del fútbol internacional en 1920, pero, tras su anexión por la Unión Soviética, se abrió un paréntesis de 50 años en los que no participó en ninguna competición. Estonia recuperó su independencia a principios de la década de 1990 y disputó su primer partido internacional oficial de esta nueva era en 1992 en Tallin contra Eslovenia, encuentro que finalizó con el resultado de 1-1. Hasta la fecha, nunca ha logrado superar la fase de grupos ni en la Copa Mundial de la FIFA ni en la UEFA EURO. En esta ocasión, a pesar de terminar en el último lugar de su grupo de clasificación para la EURO 2024, los estonios se aseguraron una segunda oportunidad a través de la Liga de Naciones de la UEFA al ganar los cuatro partidos del grupo D2, anotando diez goles y concediendo solo dos. Las victorias fueron en enfrentamientos de ida y vuelta contra Malta y San Marino, lo que además les garantiza el ascenso a la Liga C de la Liga de Naciones de la próxima edición. Thomas Häberli, exdelantero suizo de 49 años, ocupa el cargo de seleccionador desde enero de 2021.

ENTRENADOR

THOMAS HÄBERLI

JUGADOR CLAVE

KAROL METS

POSICIÓN: Defensa
CLUB: FC San Pauli (ALEMANIA)
EDAD: 30

Estonia nunca ha disputado una fase final de la EURO.

GRUPO D
PAÍSES BAJOS

El fútbol neerlandés ha brillado en la escena internacional durante cinco décadas. El legado de la revolución del fútbol total iniciada por Johan Cruyff sigue inspirando tanto a nivel de selecciones nacionales como de clubes. Sin embargo, el único gran logro de los Países Bajos sigue siendo la corona europea de 1988. Ha llegado la hora de remediarlo.

Los Países Bajos se preparan para regresar a Alemania, donde triunfaron en el Campeonato Europeo de la UEFA hace 36 años. Su capitán Virgil van Dijk confía en las posibilidades del equipo: «Creo que podemos estar orgullosos de nosotros mismos a pesar de las lesiones que tuvimos. Luchamos bien como equipo y podemos seguir progresando. Si mantenemos esa actitud, puede ser un gran torneo».

Los Países Bajos llegaron a la fase final como subcampeones del Grupo B de clasificación, por detrás de Francia. El duelo de alto voltaje entre las dos selecciones que se vieron superadas por Argentina en las últimas rondas de la Copa Mundial de la FIFA en diciembre de 2022 estuvo muy presente desde el comienzo de la fase de clasificación para la EURO 2024. Los neerlandeses, dirigidos por su nuevo seleccionador, Ronald Koeman, perdieron 4-0 en el Stade de France, pero tres días después retomaron la senda de la victoria al imponerse en casa a Gibraltar por 3-0, con dos goles de Nathan Aké.

Países Bajos retomó la competición en otoño con otra victoria por 3-0, esta vez sobre Grecia. Cody Gakpo fue uno de los goleadores y volvió a ver puerta en la trabajada victoria por 1-2 ante la República de Irlanda en Dublín. A la derrota por la mínima en casa contra Francia le siguieron victorias ante Grecia y la República de Irlanda, que les garantizó

ARRIBA: La selección de Países Bajos ha competido en diez ediciones de la UEFA EURO, proclamándose campeona en 1988 y alcanzando las semifinales en otras cuatro ocasiones.

PAÍSES BAJOS
en el Campeonato Europeo de Naciones de la UEFA

1960	No participó
1964	No se clasificó
1968	No se clasificó
1972	No se clasificó
1976	Tercer puesto
1980	Fase de grupos
1984	No se clasificó
1988	CAMPEONA
1992	Semifinales
1996	Cuartos de final
2000	Semifinales
2004	Semifinales
2008	Cuartos de final
2012	Fase de grupos
2016	No se clasificó
2020*	Octavos de final

*La edición de 2020 se jugó en 2021.

ENTRENADOR

RONALD KOEMAN

Ronald Koeman fue un defensa excepcional que marcó 14 goles en 78 partidos con los Países Bajos entre 1982 y 1994 gracias a su letal disparo. Su mayor logro con la selección fue la EURO 1988. También ganó 18 títulos con el Ajax, el PSV Eindhoven y el FC Barcelona. Koeman ha entrenado a numerosos clubes europeos, como el Ajax, el PSV, el Benfica y el Valencia CF, antes de hacerse cargo de la selección de su país, con la que logró el subcampeonato de la Liga de Naciones de la UEFA en 2018/19. Posteriormente, regresó al fútbol de clubes con el FC Barcelona antes de volver a tomar el mando de la selección sucediendo a Louis van Gaal tras la Copa Mundial de la FIFA.

JUGADOR CLAVE

CODY GAKPO

POSICIÓN: Delantero
CLUB: Liverpool FC (INGLATERRA)
EDAD: 25
FECHA Y LUGAR DE NACIMIENTO: 7 de mayo de 1999, Eindhoven
DEBUT COMO INTERNACIONAL: 21 de junio de 2021, frente a Macedonia del Norte
INTERNACIONALIDADES: 21
GOLES: 9

Cody Gakpo se ha ganado un estatus especial en la UEFA EURO 2020 al convertirse en uno de los pocos jugadores que han debutado con su selección nacional durante una fase final. Gakpo, entonces en el PSV Eindhoven, ha ido cosechando éxito tras éxito. Primero fue reconocido con el premio al Futbolista del Año en los Países Bajos en 2022, antes de destacar en la Copa Mundial de Catar. En enero de 2023, fichó por el Liverpool tras un desembolso de algo más de 43 millones de €. Gakpo se podría haber decantado por jugar con la selección de Togo, país de origen de su padre, pero no dudó en representar a los Países Bajos en las categorías sub-18, sub-19, sub-20 y sub-21. Debutó con la selección absoluta como suplente contra Macedonia del Norte en la EURO 2020.

la clasificación con un partido de margen. Wout Weghorst marcó el gol decisivo.

Después de llegar a los octavos de final de la aplazada UEFA EURO 2020 y a los cuartos de final de la Copa Mundial de la FIFA en diciembre de 2022, en ambas ocasiones bajo la dirección de su anterior seleccionador, Louis van Gaal, los Países Bajos buscarán alcanzar cotas todavía más altas en la EURO de este verano. Los neerlandeses estuvieron entre los equipos líderes del continente a principios de la década de 1900. Alcanzaron las semifinales de cuatro Juegos Olímpicos consecutivos, desde 1908 hasta 1924, y ganaron la medalla de bronce en dos ocasiones. Una modernización del fútbol nacional a mediados de la década de 1950 introdujo el profesionalismo y el éxito espectacular tanto en casa como en el extranjero para Ajax, Feyenoord y PSV Eindhoven.

A finales de la década de 1950 y principios de la de 1970, el entrenador Rinus Michels fue el artífice de la explosión del fútbol total. Cruyff, uno de los mejores futbolistas de la época moderna, condujo al Ajax a tres victorias consecutivas en la Copa de Europa de Clubes, mientras que la selección nacional se proclamaba subcampeona tanto en el Mundial de 1974 en Alemania Occidental como en el de 1978 en Argentina. En la década de 1980, una nueva generación cosechó nuevos éxitos europeos. Ruud Gullit, Marco van Basten, Frank Rijkaard y el actual seleccionador Ronald Koeman llevaron a la selección a la victoria en la EURO de 1988 celebrada en Alemania Occidental. A continuación, el combinado holandés alcanzó las semifinales de la Copa Mundial de 1998, la EURO 2000, que organizó junto a su vecina Bélgica, y la EURO 2004 en Portugal.

En la fase de clasificación para la EURO 2024, la selección contó con una enorme experiencia en la línea defensiva, liderada por Van Dijk junto a Aké, Stefan de Vrij, Matthijs de Ligt y Daley Blind, quien ha sido un pilar en la zaga del equipo desde 2013. La experiencia en el centro del campo del jugador del Atalanta Marten de Roon y de Frenkie de Jong también fue un factor importante para que el versátil lateral Denzel Dumfries se sumara al ataque desde la defensa y así dotar de balones a los letales delanteros Gakpo y Memphis Depay.

Tanto Dumfries como Gakpo destacaron en la actuación del equipo hasta los cuartos de final de la Copa Mundial de Catar, mientras que el jugador del Atlético de Madrid Depay garantiza un gol cada dos partidos con la selección.

¿SABÍAS QUE...?

La EURO 2024 será la undécima participación en una fase final de los Países Bajos. Desde su primera clasificación en 1976, solo han fallado en dos ocasiones.

GRUPO D

AUSTRIA

Austria se ha afianzado en la élite del fútbol europeo de selecciones después de no haberse clasificado para los 12 primeros torneos, un lapso de casi 50 años. La alabada organización conjunta de la EURO 2008 supuso un trampolín importante para ello.

Como en la pasada edición, donde quedó tras Polonia, Austria se aseguró el pase a la fase final como segunda de su grupo de clasificación. En esta ocasión, los austriacos solo se vieron superados por Bélgica, líder del Grupo F, y acabaron por delante de Suecia, Azerbaiyán y Estonia.

El nuevo seleccionador nacional, Ralf Rangnick, comprobó con satisfacción que sus jugadores se habían adaptado perfectamente a sus planteamientos al imponerse por un contundente 4-1 a Azerbaiyán en el primer partido de la fase de clasificación. Posteriormente, el combinado austriaco logró tres victorias en cuatro encuentros. La única excepción fue un meritorio empate 1-1 en Bruselas contra los Diablos Rojos, gracias a un gol en propia meta del centrocampista belga Orel Mangala en la primera parte.

En el partido de vuelta, los belgas se tomaron la revancha al ganar por 2-3 en Viena. Los goles tardíos de Konrad Laimer y Marcel Sabitzer no fueron suficientes para los austriacos. Al final, esa derrota no tuvo apenas trascendencia. Los austriacos aseguraron su lugar en la fase final al volver a imponerse a Azerbaiyán. El máximo goleador de Austria, el centrocampista ofensivo Sabitzer, marcó el gol de la victoria desde el punto de penalti al inicio de la segunda mitad en el estadio Tofig Bahramov de Bakú.

ARRIBA: Austria ha participado en todas las ediciones de la UEFA EURO desde su creación en 1958-60, pero no debutó en una fase final hasta que fue coanfitriona con Suiza en 2008.

AUSTRIA
en el Campeonato Europeo de Naciones de la UEFA

1960	No se clasificó
1964	No se clasificó
1968	No se clasificó
1972	No se clasificó
1976	No se clasificó
1980	No se clasificó
1984	No se clasificó
1988	No se clasificó
1992	No se clasificó
1996	No se clasificó
2000	No se clasificó
2004	No se clasificó
2008	Fase de grupos
2012	No se clasificó
2016	Fase de grupos
2020*	Octavos de final

*La edición de 2020 se jugó en 2021.

ENTRENADOR

RALF RANGNICK

Ralf Rangnick asumió el cargo de seleccionador de Austria en 2022, el primer nombramiento como técnico de una selección nacional en sus cuarenta años de carrera. Rangnick, de 65 años, fue jugador de divisiones inferiores antes de convertirse en entrenador a los 25 años. Se labró una reputación en el VfB Stuttgart, el Hannover 96 y el Schalke 04, antes de ascender al TSG 1899 Hoffenheim a la Bundesliga y volver a ganar la Copa de Alemania con el Schalke 04. A continuación, Rangnick fue artífice del ascenso del RB Leipzig, antes de pasar por el Lokomotiv de Moscú y el Manchester United. Se le considera uno de los referentes de la actual generación de destacados entrenadores alemanes.

JUGADOR CLAVE

MARCEL SABITZER

POSICIÓN: Centrocampista
CLUB: Borussia Dortmund (ALEMANIA)
EDAD: 29
FECHA Y LUGAR DE NACIMIENTO: 17 de marzo de 1994, Wels
DEBUT COMO INTERNACIONAL: 5 de junio de 2012, frente a Rumanía
INTERNACIONALIDADES: 75
GOLES: 16

Marcel Sabitzer siempre ha aportado un extra tanto a Austria como a todos los clubes con los que ha jugado. Sabitzer puede jugar en cualquier posición del mediocampo o como apoyo en ataque, y además hace gala de un gran olfato de gol. Un tanto suyo de penalti en la segunda parte le dio la victoria a Austria ante Azerbaiyán (1-0), lo que selló el pase de su selección para la EURO 2024. Sabitzer jugó en el Admira Wacker, el Rapid Viena y el FC Salzburgo antes de fichar por el RB Leipzig alemán. Estuvo cedido en el Manchester United antes de regresar a la Bundesliga para enrolarse en las filas del Borussia Dortmund.

Austria ha desempeñado un papel histórico en el fútbol europeo. En 1902 se impuso a Hungría por 5-0 en Viena, en lo que fue el primer enfrentamiento entre selecciones europeas no británicas.

La labor pionera de Hugo Meisl, secretario general de la federación y también seleccionador nacional, resultó crucial para el desarrollo del fútbol austriaco. Meisl desempeñó un papel destacado en la creación de la Copa Internacional de Naciones de Europa, precursora en el período de entreguerras del campeonato continental de la UEFA. Austria fue campeona una vez y subcampeona otra en la época del legendario *Wunderteam*, dirigido por Matthias Sindelar, el icónico «Hombre de Papel». También fue semifinalista de la Copa Mundial de la FIFA en 1934.

La selección austriaca alcanzó su cénit con la clasificación para las semifinales del Mundial de 1954. En cambio, una de las peores crisis de la selección llegó en 1991, cuando cayó derrotada por 1-0 en la fase de clasificación ante Islas Feroe, una recién llegada a la UEFA EURO.

El camino de regreso a la élite internacional ha sido pedregoso. Desde entonces, Austria solo ha logrado clasificarse una vez para la fase de grupos de la Copa Mundial de la FIFA y tres veces para la de la UEFA EURO. En la edición de 2020, los austriacos alcanzaron los octavos de final, donde cayeron por 2-1 en la prórroga frente a Italia, a la postre campeona.

El alemán Foda fue sustituido como seleccionador por su compatriota Ralf Rangnick tras el fracaso de Austria en su intento de alcanzar la fase final de la Copa Mundial 2022. Desde su llegada, Rangnick ha logrado renovar ampliamente la plantilla que participó en la última UEFA EURO.

Los supervivientes de 2021 en la última serie de clasificación fueron el guardameta Alexander Schlager; los defensas David Alaba y Philipp Lienhart; los centrocampistas Christoph Baumgartner, Laimer y Xaver Schlager; además de los delanteros Saša Kalajdžić, Michael Gregoritsch, Marko Arnautović y, especialmente, Sabitzer.

Austria, que cuenta con una plantilla formada en gran parte por jugadores de su propia liga y de la Bundesliga alemana, está preparada para volver a competir contra las mejores selecciones del continente europeo.

¿SABÍAS QUE...?

El legendario y victorioso *Wunderteam* austriaco de finales de la década de 1920 y principios de la de 1930 tuvo como artífice al entrenador inglés Jimmy Hogan, quien introdujo el estilo de juego escocés de pases cortos.

GRUPO D

FRANCIA

Francia mantiene una relación muy especial con esta competición. El trofeo lleva el nombre del francés Henri Delaunay, uno de los artífices de la creación del torneo, y el país galo albergó la primera fase final en 1960. Campeona en 1984 y 2000, aspira a igualar a Alemania y a España con una tercera corona.

La evolución, más que la revolución, le ha venido bien a Francia bajo la dirección de Didier Deschamps. Es uno de los dos únicos hombres, junto con el alemán Franz Beckenbauer, que ha capitaneado y dirigido a sus países en la Copa Mundial. Sin embargo, por ahora no ha logrado alzarse con su segunda EURO. Capitaneó a Francia hasta la victoria en 2000, pero tuvo que conformarse con ser subcampeón como seleccionador en 2016.

Deschamps es el último de una larga serie de influyentes personalidades francesas en el fútbol internacional. Robert Guerin y Jules Rimet crearon la FIFA antes de la Copa Mundial inaugural, mientras que Delaunay y Gabriel Hanot, jugador reconvertido en periodista, desempeñaron un papel decisivo en la creación de las competiciones internacionales europeas de selecciones y de clubes.

Los logros franceses se extienden también al terreno de juego. Lucien Laurent marcó el primer gol en la edición inaugural de la Copa Mundial de la FIFA, mientras que Michel Platini ostenta el récord de nueve goles en una fase final de la EURO, cuando Francia se proclamó campeona de Europa por primera vez, como anfitriona, en 1984.

Platini heredó la corona de superestrella francesa del héroe de la década de 1950 Raymond Kopa y sería seguido a su vez por Zinedine Zidane,

ARRIBA: Francia, campeona en 1984 y 2000, compite en la fase final por undécima vez, convirtiéndose en la cuarta selección con más participaciones en la fase decisiva del torneo.

FRANCIA

en el Campeonato Europeo de Naciones de la UEFA

1960	Cuarto puesto
1964	No se clasificó
1968	No se clasificó
1972	No se clasificó
1976	No se clasificó
1980	No se clasificó
1984	CAMPEONA
1988	No se clasificó
1992	Fase de grupos
1996	Semifinales
2000	CAMPEONA
2004	Cuartos de final
2008	Fase de grupos
2012	Cuartos de final
2016	Subcampeona
2020*	Octavos de final

*La edición de 2020 se jugó en 2021.

ENTRENADOR

DIDIER DESCHAMPS

Didier Deschamps ha experimentado la delgada línea que separa el éxito del fracaso en las más altas esferas del fútbol. Condujo a Francia a la gloria como capitán en la Copa Mundial de la FIFA 1998 y como seleccionador en 2018, además de haber capitaneado a la selección gala hasta la victoria en la EURO 2000. Deschamps, de 55 años, fue después subcampeón como seleccionador en la EURO 2016 y en el Mundial 2022. Como jugador, disputó 103 partidos con Francia durante una carrera de 16 años en la que formó parte del FC Nantes, Olympique de Marsella, Girondins de Burdeos, Juventus, Chelsea FC y Valencia CF. En 2012 fue nombrado seleccionador nacional en sustitución de su antiguo compañero Laurent Blanc.

JUGADOR CLAVE

OLIVIER GIROUD

POSICIÓN: Delantero
CLUB: AC Milan (ITALIA)
EDAD: 37
FECHA Y LUGAR DE NACIMIENTO: 30 de septiembre de 1986, Chambéry
DEBUT COMO INTERNACIONAL: 11 de noviembre de 2011, frente a Estados Unidos
INTERNACIONALIDADES: 128
GOLES: 56

Olivier Giroud escribió su propia página en la historia del fútbol en la Copa Mundial de la FIFA 2022 al superar el récord de 51 goles de Thierry Henry y convertirse en el máximo goleador de la historia de Francia. Sus cuatro goles en la fase final también le valieron la bota de bronce. Giroud, campeón del mundo con Francia en Rusia 2018, atesora ocho títulos a nivel de clubes con el Montpellier SC, el Arsenal, el Chelsea FC y el AC Milan, al que se incorporó en 2021. Entre ellos, la Europa League en 2019 y la Liga de Campeones en 2021, ambos con el Chelsea. Giroud no había jugado con Francia en categorías inferiores antes de ser convocado para debutar con la absoluta en 2011. Marcó su primer tanto tres meses después, en una victoria por 2-1 ante Alemania.

compañero de equipo de Deschamps cuando Francia fue aclamada como campeona del mundo en 1998 y campeona de Europa dos años más tarde. Deschamps pasó a dirigir a Francia en la Copa Mundial de la FIFA 2018 y en la Liga de Naciones de la UEFA 2021. Su sueño en la EURO de ese año se vio truncado por Suiza en octavos de final en la tanda de penaltis, la misma suerte que corrió contra Argentina en la final de la Copa Mundial 2022.

Francia ha dado un paso adelante con un equipo que mezcla experiencia y juventud, todo ello coronado por la explosividad ofensiva de su capitán, Kylian Mbappé. Alphonse Areola y Mike Maignan compiten por suceder al retirado Hugo Lloris en la portería, por detrás de los defensas Benjamin Pavard, los hermanos Hernández (Lucas y Theo) e Ibrahima Konaté. Los jóvenes del Real Madrid Aurélien Tchouaméni y Eduardo Camavinga han inyectado nueva energía al centro del campo, mientras que los veteranos Olivier Giroud y Antoine Griezmann comparten delantera con los más jóvenes Kingsley Coman, Ousmane Dembélé, Marcus Thuram y Randal Kolo Muani.

Francia quedó encuadrada en el complicado Grupo C de clasificación, que incluía a Países Bajos, Grecia y la República de Irlanda. Los franceses respondieron con un inicio de campaña perfecto, derrotando por 4-0 a Países Bajos en el Stade de France, con Mbappé, autor de dos goles, como líder. Pavard marcó el solitario gol de la victoria en el incómodo encuentro en Dublín, antes de que Mbappé volviera a tomar el mando del equipo con un gol en la victoria en Gibraltar y luego anotando el penalti decisivo con el que los galos se impusieron a Grecia en Saint-Denis.

Los irlandeses también cayeron derrotados en el Stade de France, lo que permitió a los galos asegurarse la clasificación con una complicada victoria por 1-2 sobre Países Bajos en Ámsterdam. Mbappé marcó de volea en el minuto 7 y puso fin a una racha de cuatro partidos oficiales sin marcar. En los primeros compases de la segunda parte, Mbappé marcó su 42.º gol como internacional, que le aupó al cuarto puesto de la lista de máximos goleadores de la historia de la selección, por delante de Platini.

El debutante Quilindschy Hartman recortó distancias para los anfitriones, pero Francia se aferró con tenacidad a la victoria y aseguró su billete para Alemania a falta de dos jornadas.

¿SABÍAS QUE...?

Francia es la única selección que ha ganado la Copa Mundial de la FIFA, la EURO, la Liga de Naciones de la UEFA y la Copa FIFA Confederaciones.

1988

Momentos mágicos:

LA DELICIA HOLANDESA

15 DE JUNIO DE 1988 / DÜSSELDORF

Países Bajos logró un éxito internacional largamente esperado cuando levantó el trofeo en 1988. No obstante, su campaña empezó con un duro traspié al caer derrotada por 1-0 ante la Unión Soviética en su primer partido disputado en Colonia, Alemania. Esta derrota llevó al técnico Rinus Michels a hacer un cambio decisivo de cara al siguiente choque contra Inglaterra en Düsseldorf. Michels apostó por Marco van Basten en el once titular después de haberlo dejado en el banquillo ante los soviéticos. Van Basten respondió a lo grande al anotar los tres tantos holandeses en la victoria de su selección por 3-1. El delantero mantuvo su racha con un tanto en la victoria en semifinales contra Alemania Occidental y con un nuevo gol (una volea para el recuerdo desde un ángulo casi imposible) en la final en la que se impusieron por 2-0 a la Unión Soviética, resarciéndose a lo grande de la sorprendente derrota del partido inicial.

IZQUIERDA: Marco van Basten celebra el primero de sus tres goles frente a Inglaterra en uno de los partidos de la fase de grupos de 1988 disputado en Düsseldorf.

GRUPO E

Bélgica fue subcampeona en 1980 después de terminar tercera como anfitriona en 1972. El combinado belga también ha logrado alcanzar los cuartos de final en dos ocasiones, incluida la EURO 2020. El mejor resultado de Rumanía fueron los cuartos de final alcanzados en 2000. Por su parte, Eslovaquia logró plantarse en los octavos de final en su debut en 2016.

- Bélgica
- Eslovaquia
- Rumanía
- Ganador del playoff B

GRUPO E
BÉLGICA

Bélgica se ha consolidado como una de las potencias del fútbol internacional europeo, siempre presente en las fases finales de todos los grandes torneos de la última década gracias a un caudal de futbolistas sobresalientes provenientes de los principales clubes de las cinco grandes ligas europeas.

Solo falta que los Diablos Rojos consigan consolidarse definitivamente con un gran triunfo. La EURO 2024, que se celebra en el país vecino, se antoja una oportunidad ideal para que una selección con una nueva hornada de jugadores haga olvidar su decepcionante y prematura eliminación en la fase de grupos de la Copa Mundial de la FIFA 2022.

El primer paso adelante fue el nombramiento de Domenico Tedesco como nuevo seleccionador nacional en la primavera de 2023. Tuvo poco más de un mes para planificar su campaña de clasificación para la EURO antes de que Bélgica tuviera que iniciar su andadura hacia su tercera participación consecutiva en la fase final con una difícil visita a Suecia.

Toby Alderweireld, Eden Hazard y Simon Mignolet habían decidido poner fin a su participación con la selección, por lo que Tedesco alineó solo a cinco de los hombres que habían sido titulares en el último partido de Bélgica en la Copa Mundial: el portero Thibaud Courtois, los defensas Jan Vertonghen y Timothy Castagne, los centrocampistas Kevin De Bruyne y Yannick Carrasco, y el delantero Leandro Trossard. Romelu Lukaku estuvo a la altura de las circunstancias. El delantero marcó los tres goles de la victoria por 3-0, que tuvo una amplia repercusión en toda Europa.

ARRIBA: Bélgica participa en la fase final por séptima vez, tras haber quedado tercera como anfitriona en 1972 y subcampeona en 1980.

BÉLGICA
en el Campeonato Europeo de Naciones de la UEFA

1960	No participó
1964	No se clasificó
1968	No se clasificó
1972	Tercer puesto
1976	No se clasificó
1980	Subcampeona
1984	Fase de grupos
1988	No se clasificó
1992	No se clasificó
1996	No se clasificó
2000	Fase de grupos
2004	No se clasificó
2008	No se clasificó
2012	No se clasificó
2016	Cuartos de final
2020*	Cuartos de final

*La edición de 2020 se jugó en 2021.

ENTRENADOR

DOMENICO TEDESCO

Domenico Tedesco fue nombrado nuevo seleccionador en la primavera de 2023 como sucesor de Roberto Martínez tras la eliminación de Bélgica en la fase de grupos de la Copa Mundial de la FIFA. Tedesco, de 38 años y con doble nacionalidad italiana y alemana, trabajó en el VfB Stuttgart y en el TSG 1899 Hoffenheim antes de llevar al Schalke 04 al segundo puesto de la Bundesliga en 2018 y a la Liga de Campeones de la UEFA. A continuación, pasó por el Spartak de Moscú antes de regresar a Alemania para dirigir al RB Leipzig. En 2022 condujo al Leipzig a las semifinales de la UEFA Europa League y logró que el equipo se proclamara campeón de la Copa de Alemania, donde se impuso al SC Friburgo en la tanda de penaltis.

JUGADOR CLAVE

ROMELU LUKAKU

POSICIÓN: Delantero
CLUB: AS Roma (ITALIA)
EDAD: 30
FECHA Y LUGAR DE NACIMIENTO: 13 de mayo de 1993, Amberes
DEBUT COMO INTERNACIONAL: 3 de marzo de 2010, frente a Croacia
INTERNACIONALIDADES: 113
GOLES: 83

Romelu Lukaku es el máximo goleador belga de todos los tiempos, con más del doble de goles que el segundo clasificado, Eden Hazard (33). Su padre, Roger, fue internacional con Zaire (actual República Democrática del Congo). Lukaku nació en Amberes y, tras formarse en el Lierse, empezó a destacar como goleador en el Anderlecht. Posteriormente, jugó en Inglaterra con el Chelsea FC (en dos etapas), el West Bromwich Albion, el Everton y el Manchester United, así como en Italia, con el Inter de Milán (dos veces) y con la Roma. El palmarés de Lukaku incluye la liga belga, la Copa Mundial de Clubes de la FIFA, la Serie A italiana y la Copa de Italia. Sus goles ayudaron a que Bélgica alcanzara el tercer puesto en la Copa Mundial de la FIFA 2018, donde dio una asistencia y marcó cuatro tantos que le llevaron a ganar la bota de bronce.

Lukaku volvió a marcar en el siguiente empate en casa contra Austria (1-1) y luego anotó dos nuevos tantos en la victoria a domicilio contra Estonia. Carrasco fue el autor del gol de la victoria en Azerbaiyán antes de que Lukaku volviera a hacer de las suyas. Marcó dos goles en una nueva victoria sobre Estonia por 5-0 y anotó un tanto en la impresionante victoria por 2-3 sobre Austria en Viena que aseguró a Bélgica el pase a la fase final.

Nuevos jóvenes talentos recién incorporados a la selección, como el centrocampista defensivo Amadou Onana y los extremos Jeremy Doku y Johan Bakayoko, se abrieron paso en la plantilla de Tedesco a base de buenas actuaciones. No solo se consolidaron como una promesa para la próxima EURO, sino también como la base de una nueva «generación dorada».

La Asociación Belga de Fútbol, fundada en 1895, fue una de las impulsoras de la creación de la FIFA y Bélgica una de las cuatro únicas naciones europeas que acudieron a Uruguay para disputar la primera Copa del Mundo en 1930. La adopción del profesionalismo a principios de la década de 1970 supuso un gran paso adelante, y Bélgica terminó tercera en el Campeonato de Europa de 1972. Al mismo tiempo, los clubes belgas volvieron a ser respetados, ya que el Anderlecht ganó dos veces tanto la Recopa como la Supercopa de la UEFA en la década de 1970, y la Copa de la UEFA en 1983. Por su parte, el Club Brujas alcanzó la final de la Copa de Europa en 1978.

En la EURO 1980 disputada en Italia, la selección entrenada por Guy Thys alcanzó la final de Roma, que perdió por 2-1 ante Alemania Occidental con un gol de Horst Hrubesch en el último minuto. Seis años más tarde, Bélgica fue semifinalista de la Copa Mundial de México.

En 2000, Bélgica y los Países Bajos organizaron la primera EURO conjunta de la historia. La selección belga cayó en la fase de grupos y tuvo que esperar dieciséis años para volver a una fase final y lograr alcanzar los cuartos de final en la edición disputada en Francia. A partir de entonces, Bélgica se ha consolidado en la élite del fútbol europeo y mundial, logrando el tercer puesto en la Copa Mundial de Rusia y los cuartos de final en la EURO 2020. También estuvieron tres años en lo más alto de la clasificación mundial masculina de la FIFA antes de la Copa Mundial de 2022. Catar supuso el final de una etapa dorada, pero quizá la EURO de Alemania pueda ser el inicio de una nueva época de éxitos.

¿SABÍAS QUE...?

Los Diablos Rojos son la única selección que ha encabezado la Clasificación Mundial de la FIFA sin haber ganado nunca una Copa Mundial o una EURO.

GRUPO E

ESLOVAQUIA

Eslovaquia es un país independiente desde hace solo tres décadas, pero el equipo nacional ya ha demostrado su fortaleza en este período. La UEFA EURO 2024 será su tercera aparición consecutiva en una fase final.

El sorteo para la fase de clasificación deparó un apretado calendario para un Grupo J formado por seis equipos, en el que, junto a la propia Eslovaquia, figuraban Portugal, excampeona de Europa, así como Bosnia y Herzegovina, Islandia, Liechtenstein y Luxemburgo. Portugal, cuartofinalista en la reciente Copa Mundial de la FIFA Catar 2022, era la clara favorita gracias a su talento ofensivo, por lo que el reto consistía en lograr el segundo puesto, que garantizaba una plaza para Alemania.

Eslovaquia comenzó con un decepcionante empate sin goles en casa contra Luxemburgo. Sin embargo, el equipo del entrenador Francesco Calzona reaccionó ganando los tres partidos restantes de la fase de primavera, en casa contra Bosnia y Herzegovina y fuera contra Islandia y contra Liechtenstein.

La reanudación de los enfrentamientos en otoño se saldó con una victoria sobre Liechtenstein intercalada entre dos derrotas contra Portugal, tanto en casa como a domicilio. Eslovaquia volvió a recuperar sensaciones positivas con una victoria por 0-1 en Luxemburgo antes de recibir a Islandia en Bratislava, en un encuentro que se antojaba trascendental para la clasificación.

Eslovaquia recibió un primer mazazo al encajar un gol de cabeza de Orri Óskarsson en el minuto 17, pero los

ARRIBA: Eslovaquia se clasificó para las dos últimas ediciones de la EURO y llegó hasta octavos de final en la EURO 2016.

ESLOVAQUIA en el Campeonato Europeo de Naciones de la UEFA

1960**	Tercer puesto
1964**	No se clasificó
1968**	No se clasificó
1972**	No se clasificó
1976**	CAMPEONA
1980**	Tercer puesto
1984**	No se clasificó
1988**	No se clasificó
1992**	No se clasificó
1996	No se clasificó
2000	No se clasificó
2004	No se clasificó
2008	No se clasificó
2012	No se clasificó
2016	Octavos de final
2020*	Fase de grupos

*La edición de 2020 se jugó en 2021.
**1960-92 como Checoslovaquia

ENTRENADOR

FRANCESCO CALZONA

El italiano Francesco Calzona disfrutó de una discreta carrera como jugador en las divisiones inferiores del fútbol italiano antes de dedicarse a la dirección técnica. Trabajó como asistente del entrenador Maurizio Sarri en Perugia, Alessandria, Sorrento, Émpoli y Nápoles entre 2015 y 2018. Calzona permaneció en Italia tras el fichaje de Sarri por el Chelsea FC, trabajando en el cuerpo técnico del Cagliari Calcio, antes de regresar al SSC Napoli junto al futuro entrenador de la selección italiana, Luciano Spalletti. En 2022, llegó la merecida oportunidad de hacerse cargo de un equipo como primer entrenador al suceder a Pavel Hapal en la selección de Eslovaquia, convirtiéndose en el primer entrenador extranjero en ocupar este cargo.

JUGADOR CLAVE

MILAN ŠKRINIAR

POSICIÓN: Defensa
CLUB: Paris Saint-Germain FC (FRANCIA)
EDAD: 29
FECHA Y LUGAR DE NACIMIENTO: 11 de febrero de 1995, Žiar nad Hronom
DEBUT COMO INTERNACIONAL: 27 de mayo de 2016, frente a Georgia
INTERNACIONALIDADES: 66
GOLES: 3

Milan Škriniar es uno de los defensas de Eslovaquia con más experiencia internacional. Fue ascendiendo por todas las categorías inferiores de la selección hasta dar el salto a la absoluta para disputar la UEFA EURO 2016 en Francia. Škriniar se consolidó como uno de los pilares del combinado eslovaco que acabó en la tercera posición de su grupo en la fase final disputada en 2021 debido a la pandemia. El capitán de Eslovaquia comenzó su carrera en el MSK Žilina y, en 2016, se trasladó al competitivo fútbol italiano tras fichar por la Sampdoria y, posteriormente, por el Inter de Milán. Škriniar fue una pieza clave para que el Inter se alzara con un título de la Serie A y un par de Copas y Supercopas de Italia. Sus dotes de liderazgo lo hicieron merecedor del brazalete de capitán del Inter antes de fichar por el Paris Saint-Germain en 2023.

anfitriones reaccionaron y dominaron el resto del partido. Juraj Kucka empató a la media hora y un penalti transformado por Ondrej Duda puso a Eslovaquia por delante al descanso. Lukáš Haraslín marcó dos goles en los diez primeros minutos de la segunda parte. Islandia anotó un segundo gol por mediación de Andri Gudjohnsen, pero la victoria por 4-2 aseguró el pase de Eslovaquia a la fase final.

La clasificación para la fase final refrendó la apuesta de la federación eslovaca por Calzona en 2022, en el que fue su primer nombramiento como primer entrenador tras una década como segundo entrenador en el fútbol italiano. Calzona declaró al respecto: «Nunca fui un simple ayudante con la chaqueta de entrenador. Fui ayudante al más alto nivel. Así adquirí más experiencia que si hubiera ido a la universidad».

Uno de los logros de Calzona ha sido gestionar con éxito el relevo generacional de la selección nacional tras la retirada de futbolistas veteranos como los defensas Martin Škrtel y Ján Ďurica, además del goleador histórico de la selección Marek Hamšík.

Martin Dúbravka se ha mantenido como el portero titular a pesar de la competencia de Nick Pope, guardameta del Newcastle United. Los pilares defensivos han sido Milan Škriniar y Peter Pekarík, quien debutó en la selección nacional en diciembre de 2006 y llegó a sus cien internacionalidades en 2021. Su experiencia ha resultado crucial después de sus participaciones en la Copa Mundial de la FIFA 2010 y en la EURO 2016 y 2020.

Otro veterano que se ha mantenido en el equipo es el centrocampista Juraj Kucka, quien debutó en 2008 y jugó en los tres partidos que Eslovaquia disputó en la Copa Mundial 2010 a pesar de no haber participado en la fase de clasificación. También estuvo presente en la EURO 2016 y 2020.

La principal responsabilidad en el ataque recae en Róbert Mak, de 33 años, con más de 75 internacionalidades. Mak nació en Bratislava y pasó cuatro años en la academia del Manchester City, pero nunca logró hacerse un hueco en el primer equipo. Después, su carrera lo llevó al 1. FC Núremberg alemán, al PAOK griego, al Zenit de San Petersburgo ruso, al Konyaspor turco, al Ferencváros TC húngaro y, por último, al Sydney FC australiano.

¿SABÍAS QUE...?

Eslovaquia naufragó en sus primeros cinco intentos de clasificarse para la fase final, pero ha recuperado el tiempo perdido y encadenará su tercera participación consecutiva.

GRUPO E
RUMANÍA

La EURO 2024 será la primera fase final de un torneo importante que dispute Rumanía desde la EURO 2016 celebrada Francia, en la que no superó la fase de grupos. Tras su ausencia en la EURO 2020, el equipo dirigido por el seleccionador Edward Iordănescu tiene la misión de restituir su reputación.

El fútbol se popularizó en Rumanía antes que en la mayoría de sus vecinos balcánicos, debido principalmente al interés que puso en ello el soberano del país, el rey Carlos I, quien era un gran aficionado. En 1908 impulsó la fundación de una asociación de fútbol y, tras regresar al poder en 1930 después de verse obligado a abdicar, fue determinante para que Rumanía participara en la primera Copa Mundial.

La reorganización política tras la Segunda Guerra Mundial dio lugar a la creación del Steaua (equipo del ejército) y del Dinamo (club de la policía), que dominaron el fútbol nacional durante décadas. En 1986, el Steaua se convirtió en el primer club de Europa del Este en ganar la Copa de Europa, al derrotar contra todo pronóstico al FC Barcelona en la tanda de penaltis de un encuentro que se disputó en Sevilla.

Al mismo tiempo, la selección nacional empezó a hacerse un hueco en la escena internacional. Alcanzó la fase de grupos de la Copa Mundial de la FIFA 1970 y, posteriormente, la fase de grupos del Campeonato de Europa de Naciones de 1984.

Rumanía llegó a disputar tres Mundiales seguidos, entre 1990 y 1998, y se clasificó para la EURO en 1996 y en 2000. En la EURO 2000, celebrada en Bélgica y los Países Bajos, tuvo una destacada actuación y logró alcanzar los cuartos de final, donde cayó por 2-0

ARRIBA: Rumanía participará por sexta vez en una EURO este verano, siendo su mejor clasificación hasta la fecha los cuartos de final de la EURO 2000.

RUMANÍA
en el Campeonato Europeo de Naciones de la UEFA

1960	No se clasificó
1964	No se clasificó
1968	No se clasificó
1972	No se clasificó
1976	No se clasificó
1980	No se clasificó
1984	Fase de grupos
1988	No se clasificó
1992	No se clasificó
1996	Fase de grupos
2000	Cuartos de final
2004	No se clasificó
2008	Fase de grupos
2012	No se clasificó
2016	Fase de grupos
2020*	No se clasificó

*La edición de 2020 se jugó en 2021.

ENTRENADOR

EDWARD IORDĂNESCU

Edward Iordănescu lleva el éxito futbolístico en el ADN. Es hijo de Anghel Iordănescu, quien ganó la Copa de Europa con el Steaua de Bucarest en 1986 y luego, como seleccionador, llevó a Rumanía a la Copa Mundial de la FIFA en dos ocasiones y a la EURO en 1996. Edward siguió los pasos de su padre como jugador y entrenador del Steaua. Su carrera como jugador también le llevó a Grecia y Chipre con el Panionios y el Alki Larnaca. Fue designado seleccionador nacional en 2022, tras dos exitosas etapas como entrenador del CFR Cluj, con el que ganó un título de liga y dos copas.

JUGADOR CLAVE

NICOLAE STANCIU

POSICIÓN: Centrocampista
CLUB: Damac FC (ARABIA SAUDÍ)
EDAD: 29
FECHA Y LUGAR DE NACIMIENTO: 7 de mayo de 1993, Cricău
DEBUT COMO INTERNACIONAL: 23 de marzo de 2016, frente a Lituania
INTERNACIONALIDADES: 66 • **GOLES**: 14

El capitán Nicolae Stanciu, un centrocampista ofensivo que en ocasiones también actúa como extremo, es el jugador más experimentado de la selección que se clasificó para la UEFA EURO 2024. Stanciu ha ganado seis veces la liga rumana como jugador del Unirea Alba Iulia, del FC Vaslui y del Steaua de Bucarest. En 2016, se convirtió en el futbolista de Rumanía por el que se ha pagado un traspaso más elevado, cuando fichó por el Anderlecht belga por 8 millones de €. Permaneció en Bruselas solo 18 meses antes de unirse al AC Sparta Praga. En 2019, formó parte durante una breve etapa del Al-Ahli de Arabia Saudí antes de regresar a Praga para ganar dos temporadas consecutivas el título de liga con el Slavia. Después de otro breve período en las filas del Wuhan Three Towns de la Superliga china, fichó por su actual club, el Damac saudí. Su mejor momento con la selección nacional fue durante la fase final de la EURO 2016.

ante la poderosa Italia. A pesar de este éxito, la selección no logró clasificarse para la EURO 2004, y no pasó de la fase de grupos ni en la EURO 2008 ni en la EURO 2016, cuando un joven Nicolae Stanciu, el actual capitán de Rumanía, empezó a despuntar en la selección nacional.

La línea del centro del campo es la más destacada y el auténtico corazón de la selección rumana, con el líder y capitán Stanciu como el jugador que cuenta con más internacionalidades. También aportan su experiencia el jugador del Empoli Răzvan Marin, el hábil goleador Valentin Mihăilă, del Parma, y Marius Marin, del Pisa SC, además de Alexandru Cicâldău, que juega en el Konyaspor turco. George Pușcaș, del SSC Bari, aporta goles en la delantera, acompañado por el talentoso Ianis Hagi, hijo del mítico Gheorghe Hagi, posiblemente el mejor jugador rumano de la historia.

La portería se la disputan el veterano Florin Niță, del Gaziantep turco, Horațiu Moldovan, del Rapid de Bucarest, y Ionuț Radu, del Bournemouth inglés.

Rumanía formó parte del tercer bombo en el sorteo de clasificación para la EURO 2024, por lo que podría haber acabado en un grupo complicado. Al final tuvo que afrontar un apretado calendario de clasificación frente a Suiza, Israel, Bielorrusia, Kosovo y Andorra. Comenzó de forma inmejorable, con victorias sobre Andorra y Bielorrusia, antes de empatar 0-0 con Kosovo en Pristina, y de arrancar un 2-2 en Suiza con dos goles postreros de Mihăilă.

Los hombres de Iordănescu mantuvieron la imbatibilidad a lo largo del calendario otoñal y se aseguraron la clasificación a falta de un partido tras imponerse a Israel por 1-2 en territorio neutral, en el Pancho Arena de Felcsút, Hungría. Rumanía se impuso con goles de Ianis Hagi a los diez minutos y de George Pușcaș poco antes del pitido final.

En la última jornada, Rumanía aprovechó la ventaja de jugar en casa para imponerse en Bucarest por 1-0 a Suiza y, de este modo, acabar primera de grupo. Un empate les habría bastado para clasificarse para la EURO, pero Rumanía apunta alto. La fase final de la UEFA EURO 2024 será el escenario ideal para ambicionar todavía a cotas más altas.

¿SABÍAS QUE...?

Rumanía participó en la primera edición de la entonces Copa de Europa de Naciones en 1958, pero esta será solo su sexta participación en la fase final.

Playoffs: Ruta B
ISRAEL

Israel no ha logrado dejar huella en el Campeonato Europeo de Naciones de la UEFA, pese a su constante presencia en la fase de clasificación desde que se convirtió en miembro de la UEFA en 1991.

Israel terminó en tercer lugar del Grupo I, a solo dos puntos de Suiza. Un empate a 1 contra Suiza y luego una derrota por 1-2 contra Rumanía hacia el final de la clasificación resultaron cruciales. Israel tenía que haber afrontado ambos partidos trascendentales como local, pero las medidas de seguridad impuestas por la UEFA se lo impidieron y tuvo que jugar en el Pancho Arena de Felcsút, Hungría. La selección accedió a la repesca gracias a su primer puesto en el Grupo B2 de la Liga de Naciones de la UEFA. Desde mayo de 2022, cuentan con el exinternacional Alon Hazan como seleccionador. Hazan anotó cinco goles en 72 partidos internacionales entre 1990 y 2000, mientras que en su carrera de clubes disfrutó de dos ascensos con el Watford a la Premier League. Los jugadores más experimentados del equipo de Hazan en la campaña de clasificación para la EURO 2024 fueron el capitán y baluarte defensivo Eli Dasa, del Dinamo Moscú, y el veterano delantero Eran Zahavi.

ENTRENADOR

ALON HAZAN

JUGADOR CLAVE

ERAN ZAHAVI

POSICIÓN: Delantero
CLUB: Maccabi Tel Aviv FC (ISRAEL)
EDAD: 36

Israel tiene la oportunidad de dejar su huella en el torneo a través de la repesca.

Playoffs: Ruta B
BOSNIA Y HERZEGOVINA

Bosnia y Herzegovina ha afrontado grandes retos desde que se aupó a la 13.ª posición de la clasificación mundial masculina de la FIFA en 2013, por lo que su presencia en la repesca es un buen síntoma.

Bosnia y Herzegovina nunca se ha clasificado para una fase final de la UEFA EURO, aunque estuvo a punto de hacerlo en tres ocasiones, cuando perdió en las repescas de 2012, 2016 y 2020. Su única participación en un torneo internacional sigue siendo la Copa Mundial de la FIFA 2014 disputada en Brasil, donde cayó eliminada en la fase de grupos tras una victoria sobre Irán y derrotas por la mínima ante Argentina y Nigeria. En la fase de clasificación para la EURO 2024, Bosnia y Herzegovina quedó quinta del Grupo J, por detrás de Portugal, Eslovaquia, Luxemburgo e Islandia, aunque superando claramente a Liechtenstein. Logró su plaza para la repesca gracias a su éxito en la Liga de Naciones de la UEFA, donde se impuso en el Grupo B3, por delante de otros aspirantes a la repesca como Finlandia y Montenegro, así como de Rumanía, clasificada directamente para la EURO. Savo Milošević es seleccionador desde septiembre de 2023. El exdelantero disputó más de 100 encuentros con la antigua Yugoslavia, y luego con Serbia y Montenegro. Milošević fue bota de oro con cinco goles en la EURO 2000.

ENTRENADOR

SAVO MILOŠEVIĆ

JUGADOR CLAVE

EDIN DŽEKO

POSICIÓN: Delantero
CLUB: Fenerbahçe SK (TURQUÍA)
EDAD: 38

Bosnia y Herzegovina jugará la repesca por cuarta vez.

Playoffs: Ruta B
UCRANIA

Los futbolistas ucranianos alcanzaron la repesca para la EURO 2024 a pesar de las inmensas dificultades que plantea el conflicto en su país.

La guerra en Ucrania obligó a la selección a jugar sus cuatro partidos como local en el extranjero, en concreto en Trnava (Eslovaquia), Breslavia (Polonia), Praga (República Checa) y Leverkusen (Alemania). Aún así, logró clasificarse en tercer lugar en el complicado Grupo C, que contaba con los campeones de la EURO 2020, Italia, y los subcampeones, Inglaterra. Tuvo la clasificación directa en sus manos, cuando necesitaba vencer en el último partido a Italia, pero el 0-0 final la envió a la tercera posición. Por lo tanto, logró acceder a la repesca gracias al segundo puesto logrado en el Grupo B1 de la Liga de Naciones de la UEFA. Ucrania ha llegado a la fase final de la EURO en tres ocasiones anteriores. No superaron la fase de grupos en 2012 y 2016, pero en la EURO 2020 llegaron a los cuartos de final, donde perdieron ante Inglaterra. El pilar del equipo durante la fase de clasificación para la EURO 2024 estuvo formado por los defensas Mykola Matviyenko y Vitalii Mykolenko, los centrocampistas Oleksandr Zinchenko, el capitán Taras Stepanenko, Serhiy Sydorchuk y Ruslan Malinovskyi, así como el delantero Roman Yaremchuk.

ENTRENADOR

SERHIY REBROV

JUGADOR CLAVE

OLEKSANDR ZINCHENKO

POSICIÓN: Centrocampista
CLUB: Arsenal FC (INGLATERRA)
EDAD: 27

Italia privó a Ucrania de conseguir la clasificación directa.

Playoffs: Ruta B
ISLANDIA

Islandia sorprendió al fútbol europeo al alcanzar los cuartos de final en Francia 2016, pero luego se quedó a las puertas de la EURO 2020 tras caer en la repesca.

El regreso de Islandia a la repesca para la EURO 2024 le ofrece la oportunidad de alcanzar la fase final por segunda vez en su historia y compensar su ausencia en la pasada EURO 2020. En la fase de clasificación, Islandia quedó por detrás de Portugal, Eslovaquia y Luxemburgo, y por delante de Bosnia y Herzegovina, así como de Liechtenstein. El conjunto liderado por el seleccionador noruego Åge Hareide se garantizó su presencia en la repesca gracias al segundo puesto logrado en el Grupo B2 de la Liga de Naciones de la UEFA. El reto de Hareide consistía en moldear un equipo con jugadores que militan en clubes de Alemania, Bélgica, Dinamarca, Francia, Grecia, Italia, Noruega, Países Bajos, Portugal, Suecia y Gales. Entre los jugadores habituales figuraban los defensas Victor Pálsson, Sverrir Ingi Ingason y Hörður Björgvin Magnússon, los centrocampistas Jóhann Berg Guðmundsson y el capitán Aron Gunnarsson, además de los delanteros Alfreð Finnbogason y Hákon Arnar Haraldsson. Estos dos últimos, más Gunnarsson, fueron los tres máximos goleadores islandeses en la fase de clasificación.

ENTRENADOR

ÅGE HAREIDE

JUGADOR CLAVE

ALFREÐ FINNBOGASON

POSICIÓN: Delantero
CLUB: KAS Eupen (BÉLGICA)
EDAD: 35

Islandia fue cuartofinalista en Francia en 2016.

UEFA EURO2024 GERMANY

1996

Momentos mágicos:

GAZZA SABOREA LA GLORIA

15 DE JUNIO DE 1996 / WEMBLEY

La celebración de la fase final en Inglaterra en 1996 supuso que el fútbol «volviera a casa». Aunque los anfitriones no lograron saborear el éxito, que se les resiste desde su triunfo en la Copa Mundial de la FIFA 1966, sí brindaron a sus aficionados momentos memorables. Uno de los más emocionantes ocurrió en el partido de fase de grupos contra el «viejo enemigo»: Escocia. Inglaterra tenía una escueta ventaja de un gol y los escoceses acababan de fallar un penalti, cuando Paul Gascoigne marcó el tanto decisivo a falta de 11 minutos para el final. Darren Anderton le pasó el balón a Gazza para que hiciera magia. El talentoso centrocampista pasó el balón por encima del defensa Colin Hendry con un sutil toque con su pie izquierdo para, sin dejarlo caer, ejecutar una magnífica volea con el derecho. Los compañeros de Gascoigne festejaron el tanto con una icónica y reivindicativa celebración que generó ríos de tinta en la prensa inglesa en los días previos a la semifinal del torneo.

DERECHA: Paul Gascoigne anotó de volea el segundo gol de Inglaterra en su victoria sobre Escocia en un encuentro del Grupo A disputado en Wembley durante la EURO 1996.

UMBRO
Cola.

GRUPO F

Portugal fue campeona de Europa en 2016, subcampeona en 2004 y semifinalista en tres ocasiones más. La República Checa (como Checoslovaquia) fue campeona en 1976, subcampeona en tres ocasiones y semifinalista en una ocasión. Turquía alcanzó las semifinales en una ocasión. En la EURO 2020, Portugal alcanzó los octavos de final y la República Checa, los cuartos.

- **Turquía**
- **Ganador del playoff C**
- **Portugal**
- **República Checa**

GRUPO F
TURQUÍA

Turquía ha estado ausente de la fase final solo dos veces desde que hizo su debut en 1996, y su entrenador italiano, Vincenzo Montella, ha asegurado que esta vez pueden «desempeñar un gran papel». Su mejor actuación se remonta a la EURO 2008 disputada en Austria y Suiza, llegando nada menos que a las semifinales.

La pasión de los aficionados turcos es legendaria y grandes clubes como el Beşiktaş JK, el Fenerbahçe SK y el Galatasaray SK se han ganado un merecido crédito gracias a que llevan mucho tiempo participando habitualmente en las competiciones de clubes de la UEFA.

Hasta ahora, solo el Galatasaray ha logrado saborear las mieles del éxito al imponerse en la Copa de la UEFA 2000. La presencia en aquel equipo del portero brasileño Claudio Taffarel y del mediapunta rumano Gheorghe Hagi supuso una prueba inequívoca de la pujanza del fútbol turco. Recientemente, Turquía fue designada para acoger por primera vez un gran torneo internacional, la UEFA EURO 2032, que organizará junto a Italia.

El fútbol turco va de la mano de la historia moderna del país. El juego fue introducido por comerciantes y estudiantes a principios del siglo pasado, paso previo a la fundación de la federación nacional en 1923. Más tarde, ese mismo año, se proclamó la moderna República de Turquía, con Mustafa Kemal como su primer presidente.

La selección nacional tuvo que esperar hasta después de la Segunda Guerra Mundial para empezar a dejar su huella en el escenario internacional. Turquía alcanzó los cuartos de final en los Juegos Olímpicos de 1948 y de 1952 y luego debutó en la fase final de la Copa

ARRIBA: Turquía participa en la fase final por sexta vez desde que debutara en 1996 y lograra su mejor resultado en 2008 al alcanzar las semifinales.

TURQUÍA
en el Campeonato Europeo de Naciones de la UEFA

1960	No se clasificó
1964	No se clasificó
1968	No se clasificó
1972	No se clasificó
1976	No se clasificó
1980	No se clasificó
1984	No se clasificó
1988	No se clasificó
1992	No se clasificó
1996	Fase de grupos
2000	Cuartos de final
2004	No se clasificó
2008	Semifinales
2012	No se clasificó
2016	Fase de grupos
2020*	Fase de grupos

*La edición de 2020 se jugó en 2021.

ENTRENADOR

VINCENZO MONTELLA

Vincenzo Montella atrajo por primera vez la atención de los aficionados al celebrar un gol que le valió el sobrenombre de Aeroplanino (Avioncito). Montella, de 49 años, marcó más de 200 goles con los equipos del Empoli FC, Genoa, Sampdoria, AS Roma y el Fulham inglés. También anotó tres goles en 20 partidos con Italia repartidos en seis años entre 1999 y 2005, que incluyeron la UEFA EURO 2000, cuando Italia fue subcampeona tras caer en la prórroga ante Francia. Como entrenador, lideró al AC Milan en la conquista de la Supercopa italiana en 2016 y fue designado seleccionador turco en 2023 a mitad de la campaña de clasificación después de firmar dos temporadas impresionantes en el Adana Demirspor.

JUGADOR CLAVE

HAKAN ÇALHANOĞLU

POSICIÓN: Centrocampista
CLUB: Inter de Milán (ITALIA)
EDAD: 30
FECHA Y LUGAR DE NACIMIENTO: 8 de febrero de 1994, Mannheim, Alemania
DEBUT COMO INTERNACIONAL: 6 de septiembre de 2013, frente a Andorra
INTERNACIONALIDADES: 82
GOLES: 17

Hakan Çalhanoğlu estará en un entorno familiar en Alemania para la EURO 2024, ya que nació en Mannheim, en el seno de una familia de inmigrantes turcos. Disputó su primer partido internacional con Turquía casualmente cuando su país acogió la Copa Mundial sub-20 de la FIFA 2013. Meses después debutó con la absoluta en las eliminatorias para la Copa Mundial de la FIFA. Çalhanoğlu empezó su andadura profesional en las divisiones inferiores del Karlsruher alemán, más tarde firmó por el Hamburgo y por el Bayer Leverkusen, antes de trasladarse a Italia para jugar en el AC Milan en 2017. Tras cuatro temporadas como titular, en 2021 decidió fichar por el máximo rival y vecino, el Inter de Milán, equipo con el ganó la Copa de Italia y la Supercopa, además de llegar a la final de Liga de Campeones de la UEFA de 2023.

Mundial de la FIFA en 1954. Llegó a la fase final en Suiza gracias a tener la suerte de su lado en el sorteo tras empatar en el partido de desempate contra España.

En 1960 se puso en marcha un campeonato nacional que atrajo a un número cada vez mayor de jugadores y entrenadores extranjeros. La famosa noche del Galatasaray en Copenhague lo convirtió en el primer club turco en ganar una competición europea con la Copa de la UEFA.

La selección nacional logró clasificarse para disputar la fase final de la EURO por primera vez en 1996, llegó a cuartos de final en 2000 y a semifinales tanto en el Mundial de 2002 como en la EURO de 2008. Desde entonces, su ambición se ha visto recompensada con la clasificación para los campeonatos de 2016 y 2020, aunque el equipo turco no logró superar la fase de grupos en ninguna de las dos ediciones.

Su clasificación para Alemania no fue un camino de rosas. El pasado mes de septiembre, a mitad de campaña, la federación decidió sustituir al entrenador Stefan Kuntz después de empatar 1-1 contra Armenia y caer en un amistoso ante Japón por 4-2. Kuntz había ocupado el cargo desde septiembre de 2021, después de llevar a Alemania al título del Campeonato de Europa sub-21 de la UEFA en 2017 y 2021. Su sucesor fue Montella, buen conocedor del fútbol turco y de sus jugadores tras dos impresionantes temporadas entrenando al Adana Demirspor.

Las victorias (1-0 sobre Croacia y 4-0 sobre Letonia) garantizaron a Turquía un lugar entre los dos primeros del Grupo D y, por tanto, la clasificación para la fase final. Yunus Akgün, Kerem Aktürkoğlu y Cenk Tosun, autor de dos goles, firmaron los tantos de la última victoria.

Los porteros Uğurcan Çakır y Altay Bayındır, además de defensas como Zeki Çelik, el jugador del Galatasaray nacido en Alemania Kaan Ayhan y el lateral Ferdi Kadıoğlu han desempeñado un rol importante en la línea defensiva. El veterano Hakan Çalhanoğlu ha liderado un mediocampo relativamente inexperto para crear espacios para Cenk y Kerem.

Cenk puede aportar su valiosa experiencia en la fase final. Nacido en Alemania, país con el que jugó en las categorías inferiores, en 2013 decidió seguir su trayectoria como internacional en la selección turca, en la que lideró su ataque en la EURO 2016.

¿SABÍAS QUE...?

Fundado en 1901, el Black Stockings fue el primer club de fútbol turco, aunque al poco tiempo se desintegró después de que la policía ocupara el campo durante su primer partido.

Playoffs: Ruta C
GEORGIA

Georgia nunca ha alcanzado una fase final de la UEFA EURO ni de la Copa Mundial de la FIFA, a pesar de haber contado con una nómina de extraordinarios jugadores.

Georgia concluyó su fase de clasificación para la EURO 2024 en cuarta posición, por detrás de España, Escocia y Noruega. Los dos primeros clasificados lograron el pase para disputar la fase final en Alemania. Noruega, tercera, se quedó fuera, mientras que Georgia alcanzó la repesca. Esta segunda oportunidad ejemplifica la importancia que ha adquirido la Liga de Naciones de la UEFA, en la que Georgia se impuso en el Grupo C4 por delante de Bulgaria, Macedonia del Norte y Gibraltar.
Su seleccionador es el exdefensa internacional francés y antiguo capitán del Bayern de Múnich Willy Sagnol. Su carrera como jugador incluye un subcampeonato mundial con Francia en 2006. Sagnol fue nombrado por la Federación Georgiana de Fútbol en febrero de 2021. Su plantilla cuenta con la experiencia del guardameta Giorgi Loria, el capitán Guram Kashia, el centrocampista Nika Kvekveskiri y uno de los delanteros jóvenes más prometedores de Europa, Khvicha Kvaratskhelia. El año pasado, este joven de 23 años ayudó al SSC Napoli a ganar su primer título de la Serie A italiana en 33 años y fue elegido el Mejor Jugador Joven de la Liga de Campeones de la UEFA de la temporada 2022/23.

ENTRENADOR

WILLY SAGNOL

JUGADOR CLAVE

KHVICHA KVARATSKHELIA

POSICIÓN: Delantero
CLUB: SSC Napoli (ITALIA)
EDAD: 23

Georgia buscará en la repesca el hito histórico de clasificarse para la fase final de una EURO.

Playoffs: Ruta C
GRECIA

Grecia, campeona de Europa en 2004, aspiraba a alcanzar por quinta vez la fase final tras su debut en 1980 y los cuartos de final logrados en 2012.

Los griegos concluyeron en tercera posición la fase de clasificación para la EURO 2024. Se trataba de un grupo muy complicado en el que se impuso Francia, subcampeona del mundo en 2022, y en el que la selección de Países Bajos, cuartofinalista en Catar, se quedó con el segundo puesto. Grecia accedió a la repesca gracias a imponerse en el Grupo C2 de la Liga de Naciones de la UEFA, donde solo perdió uno de sus seis partidos contra Kosovo, Irlanda del Norte y Chipre. El seleccionador Gustavo Poyet, excentrocampista uruguayo que cuenta con amplia experiencia como jugador y entrenador en Inglaterra, Francia, Grecia y España, así como en otros países no europeos, como Chile y China, fue el encargado de dirigir al equipo. Entre los jugadores de Poyet que destacaron en la fase de clasificación, cabe citar al delantero Georgios Masouras, autor de cinco goles, una cifra solo superada por el francés Kylian Mbappé. El guardameta Odysseas Vlachodimos, los defensas Giorgos Tzavellas y Kostas Tsimikas, y los centrocampistas Andreas Bouchalakis, el capitán Tasos Bakasetas y Petros Mantalos, también tuvieron una actuación destacada.

ENTRENADOR

GUSTAVO POYET

JUGADOR CLAVE

GEORGIOS MASOURAS

POSICIÓN: Delantero
CLUB: Olympiakós FC (GRECIA)
EDAD: 30

Grecia espera llegar a la fase final por primera vez en 12 años.

Playoffs: Ruta C
KAZAJISTÁN

Kazajistán fue admitido en la UEFA en 2002. El equipo nacional masculino no ha logrado clasificarse todavía para disputar la fase final de un torneo importante.

El entrenador ruso Magomed Adiyev fue designado seleccionador en mayo de 2022 con el objetivo de lograr que Kazajistán avanzara competitivamente. Su primer desafío fue el torneo de la Liga de Naciones de la UEFA 2022/23, en la cual Kazajistán se impuso en el Grupo C3 por delante de Azerbaiyán, Eslovaquia y Bielorrusia. Este logro insufló moral a la selección kazaja para afrontar la fase de clasificación para la EURO 2024, en la que acabaron en un meritorio cuarto lugar en el Grupo H, empatados a puntos con el tercer clasificado, Finlandia, y a solo cuatro puntos del primer clasificado, Dinamarca. El momento álgido de su participación fue precisamente el partido contra Dinamarca, en el que Kazajistán remontó un 0-2 para finalmente acabar imponiéndose 3-2. Kazajistán volvió a hacer gala de su encomiable espíritu de lucha y de sus letales contraataques en una nueva victoria al límite del tiempo reglamentario, esta vez frente a Irlanda del Norte. El único gol fue anotado por Abat Aymbetov, jugador del Astaná. Casi todos los miembros del equipo de Adiyev provienen de clubes de la liga de Kazajistán.

ENTRENADOR

MAGOMED ADIYEV

JUGADOR CLAVE

ABAT AYMBETOV

POSICIÓN: Delantero
CLUB: FK Astaná (KAZAJISTÁN)
EDAD: 28

Kazajistán se impuso en su grupo de la Liga de Naciones de la UEFA.

Playoffs: Ruta C
LUXEMBURGO

Luxemburgo presume de una de las federaciones de fútbol más antiguas, fundada en 1908. A pesar de esto nunca han logrado clasificarse para una fase final de un gran torneo.

Los Leones Rojos no participaron en la edición inaugural de la Copa de Europa de Naciones en 1960, pero han competido en las 16 campañas disputadas desde entonces. En la fase de clasificación para la EURO 2024, sus esfuerzos se vieron recompensados con el tercer puesto del Grupo J, conformado por seis equipos. Luxemburgo se convirtió en uno de los tres equipos del grupo que pasaron a la repesca, junto con Islandia, cuarto clasificado, y Bosnia-Herzegovina, quinto. En el caso de Luxemburgo, logró el pase a la repesca al quedar subcampeón del Grupo C1 de la Liga de Naciones de la UEFA por detrás de Turquía. El seleccionador es Manuel Cardoni, exjugador internacional que marcó cinco goles en 69 partidos con el combinado nacional entre 1993 y 2004. Entre los jugadores habituales de sus convocatorias figuran el veterano defensa y capitán Laurent Jans, con 100 internacionalidades a su espalda, y el delantero Gerson Rodrigues, tercer máximo goleador del grupo de clasificación con cinco tantos, solo por detrás de los portugueses Cristiano Ronaldo y Bruno Fernandes.

ENTRENADOR

MANUEL CARDONI

JUGADOR CLAVE

GERSON RODRIGUES

POSICIÓN: Delantero
CLUB: Sivasspor (TURQUÍA)
EDAD: 28

Luxemburgo está dispuesto a hacer historia en la repesca.

GRUPO F

PORTUGAL

Portugal se ha convertido en una de las grandes favoritas del torneo de la mano de Cristiano Ronaldo, uno de los mejores futbolistas de la era moderna, liderando su ataque en las últimas dos décadas. Los campeones de la EURO 2016 y de la Liga de Naciones 2019 llegan a esta fase final con ganas de volver a demostrar su valía.

Ronaldo y compañía tenían tantas ganas de volver a luchar por el torneo que fueron una de las tres primeras naciones en clasificarse simultáneamente para acompañar a la anfitriona, Alemania. Lo lograron tras imponerse en sus siete primeros partidos en el Grupo J.

Eslovaquia, Luxemburgo, Islandia, Bosnia-Herzegovina y Liechtenstein quedaron muy por detrás de Portugal. Sorprendentemente, la victoria más contundente se logró con la ausencia de Ronaldo: un 9-0 en casa contra Luxemburgo. Los máximos goleadores de este encuentro fueron Gonçalo Inácio, Gonçalo Ramos y Diogo Jota, con dos tantos cada uno.

Ronaldo volvió a la acción en la victoria por 3-2 contra Eslovaquia en Oporto, que confirmó el billete de Portugal para la fase final. Ronaldo marcó dos goles y amplió su récord internacional a 127, con la promesa de prolongar su racha en la fase final. En palabras de su seleccionador, Roberto Martínez: «Se trata de esforzarse siempre para estar al máximo nivel».

La clasificación de Portugal fue una reivindicación para Martínez tan solo nueve meses después de su nombramiento. Llevaba solo unas semanas sin equipo tras dejar Bélgica una vez finalizada la Copa Mundial de la FIFA Catar 2022. Bélgica había sido eliminada en la fase de grupos,

ARRIBA: Portugal ha alcanzado la fase final en ocho ocasiones anteriores, superando siempre la fase de grupos y proclamándose campeona en 2016 y subcampeona en 2004.

PORTUGAL en el Campeonato Europeo de Naciones de la UEFA

1960	No se clasificó
1964	No se clasificó
1968	No se clasificó
1972	No se clasificó
1976	No se clasificó
1980	No se clasificó
1984	Semifinales
1988	No se clasificó
1992	No se clasificó
1996	Cuartos de final
2000	Semifinales
2004	Subcampeona
2008	Cuartos de final
2012	Semifinales
2016	CAMPEONA
2020*	Octavos de final

*La edición de 2020 se jugó en 2021.

ENTRENADOR

ROBERTO MARTÍNEZ

Roberto Martínez, que acababa de dirigir a Bélgica en la fase final de la Copa Mundial de la FIFA 2022, fue nombrado al siguiente enero seleccionador de Portugal en sustitución de Fernando Santos. El español, de 50 años, inició su carrera como jugador en el Real Zaragoza, con el que ganó la Copa del Rey, antes de pasar al fútbol británico y formar parte del Wigan Athletic, el Motherwell, el Walsall FC y el Swansea City. Martínez empezó su trayectoria como entrenador con el Swansea y condujo al Wigan al éxito en la FA Cup antes de fichar por el Everton. Llevó a Bélgica a los cuartos de final de la EURO 2016 y al tercer puesto en la Copa Mundial de la FIFA 2018, antes de caer en la fase de grupos en Catar.

JUGADOR CLAVE

BRUNO FERNANDES

POSICIÓN: Centrocampista
CLUB: Manchester United FC (INGLATERRA)
EDAD: 29
FECHA Y LUGAR DE NACIMIENTO: 8 de septiembre de 1994, Maia
DEBUT COMO INTERNACIONAL: 10 de noviembre de 2017, frente a Arabia Saudí
INTERNACIONALIDADES: 63 • **GOLES**: 19

Bruno Fernandes ha demostrado ser un peligro constante en el centro del campo durante toda su carrera, que le ha llevado del Boavista portugués cuando era adolescente a Italia, donde jugó con el Novara FC, el Udinese y la Sampdoria, antes de regresar a casa con el Sporting para, por último, fichar por el Manchester United inglés. Ha formado parte de las categorías inferiores de la selección y del equipo que alcanzó los octavos de final en los Juegos Olímpicos de Río de Janeiro 2016. Con la absoluta, disputó la Copa Mundial de la FIFA 2018 y, al año siguiente, fue elegido en el mejor once del torneo en el que Portugal ganó la UEFA Nations League 2019. A continuación, aportó dos goles y tres asistencias durante la trayectoria de Portugal hasta los cuartos de final de la Copa Mundial 2022. Durante la fase de clasificación para la EURO 2024, contribuyó con un gol y tres asistencias en la victoria récord de Portugal por 9-0 ante Luxemburgo.

mientras que Portugal, con Fernando Santos como seleccionador campeón de la EURO 2016, había llegado hasta los cuartos de final antes de caer derrotada ante Marruecos.

Cuando tomó las riendas de Portugal, Martínez aplicó un sistema 4-3-3 con Rúben Dias, del Manchester City, en el centro de la defensa. Más adelantados, su compañero del City Bernardo Silva y Bruno Fernandes, del Manchester United, ocupaban las bandas en el centro del campo, junto a otra estrella de la Premier League inglesa, João Palhinha, del Fulham.

En la delantera, Martínez tiene mucho donde elegir para acompañar a Ronaldo. Además de Ramos y Jota, Portugal cuenta con João Félix y Rafael Leão. Las destacadas actuaciones de Leão en la Serie A italiana con el AC Milan han sido reconocidas con el emblemático dorsal número 10 que en su día lucieron grandes del club como Ruud Gullit y Roberto Baggio.

Portugal no es una recién llegada a la más alta esfera del fútbol internacional. El Benfica fue el primer club que rompió el dominio del Real Madrid en la Copa de Europa a principios de la década de 1960, y constituyó la columna vertebral de la selección portuguesa que terminó tercera en el Mundial de 1966. Su héroe, con nueve goles, fue el gran delantero de origen mozambiqueño Eusébio, máximo goleador de la fase final.

Tras la «década perdida» de 1970, Portugal resurgió durante la década siguiente. El FC Porto ganó la Copa de Europa, mientras que una nueva generación dorada conquistaba las Copas Mundiales Juveniles de la FIFA de 1989 y 1991, y su estrella Luís Figo se proclamaba posteriormente Jugador del Año en Europa y en el mundo.

A las órdenes de José Mourinho, el Porto ganó la Copa de la UEFA en 2003 y la Liga de Campeones de la UEFA en 2004, infundiendo nuevos ánimos al fútbol portugués. Portugal fue subcampeona de la EURO 2004, edición en la que el país luso organizó la fase final, y cuarta en la Copa Mundial 2006. Ahora contaban con un nuevo héroe, Cristiano Ronaldo, que lideró a sus compañeros a la victoria de la EURO 2016, a pesar de que en el partido decisivo tuvo que conformarse con alentar a sus compañeros desde el banquillo tras lesionarse nada más iniciarse la final contra la selección anfitriona, Francia.

¿SABÍAS QUE...?

Fernando Santos dirigió a Portugal durante un récord de 109 partidos entre 2014 y 2022, cosechando la EURO 2016 y la Liga de Naciones de la UEFA 2019.

GRUPO F

REP. CHECA

La República Checa ha tenido una actuación destacada en la competición internacional. Esta será su séptima participación consecutiva en la fase final del torneo, destacando el subcampeonato logrado en 1996. Anteriormente, Checoslovaquia había sido campeona de Europa en 1976.

El combinado de la República Checa se aseguró la clasificación para la fase final gracias al segundo puesto logrado en el Grupo E, por detrás de la sorprendente Albania. Comenzaron con fuerza al vencer 3-1 a Polonia y perdieron solo uno de sus ocho partidos, 3-0 en su visita a Albania, con quienes habían empatado anteriormente 1-1 en casa. Esa única derrota resultó determinante al final de la fase. La República Checa y Albania terminaron empatando a puntos, pero el combinado albanés acabó primero por los resultados de los enfrentamientos directos entre ambas selecciones.

Este inesperado desenlace final y una presión cada vez mayor acabaron por desgastar al seleccionador Jaroslav Šilhavý, quien presentó la dimisión tras cinco años en el cargo. Šilhavý, de 62 años, había guiado a la República Checa a dos ediciones de la EURO, pero decidió que había llegado el momento de marcharse a pesar de haber logrado la clasificación para Alemania.

El equipo que ha legado Šilhavý lleva sobre sus hombros la responsabilidad de estar a la altura de una larga y prestigiosa tradición futbolística que se remonta a más de un siglo, antes incluso de que se fundara Checoslovaquia. Esta nueva identidad nacional se creó tras la Primera Guerra Mundial, y Checoslovaquia demostró

ARRIBA: La República Checa ha tenido un papel destacado en las fases finales del Campeonato Europeo de la UEFA: campeona, subcampeona y semifinalista en diferentes ediciones desde 1960.

La **REPÚBLICA CHECA** en el Campeonato Europeo de Naciones de la UEFA

1960**	Tercer puesto
1964**	No se clasificó
1968**	No se clasificó
1972**	No se clasificó
1976**	CAMPEONA
1980**	Tercer puesto
1984**	No se clasificó
1988**	No se clasificó
1992**	No se clasificó
1996	Subcampeona
2000	Fase de grupos
2004	Semifinales
2008	Fase de grupos
2012	Cuartos de final
2016	Fase de grupos
2020*	Cuartos de final

*La edición de 2020 se jugó en 2021.
**1960-92 como Checoslovaquia

ENTRENADOR

IVAN HAŠEK

Ivan Hašek fue designado seleccionador a principios de enero de 2024 para suceder a Jaroslav Šilhavý, en lo que supuso su segundo período a cargo del combinado nacional. Hašek, de 60 años, anotó cinco goles en 60 partidos con la selección entre 1984 y 1994, y capitaneó al equipo checoslovaco hasta los cuartos de final de la Copa Mundial de 1990. Jugó la mayor parte de su carrera con el Sparta Praga y posteriormente fue presidente de la Asociación de Fútbol de la República Checa entre 2009 y 2011, y brevemente entrenador nacional interino. Luego, Hašek entrenó a diferentes equipos en República Checa, Francia, Japón, Gabón, Catar, Arabia Saudí y Emiratos Árabes Unidos, y a la selección del Líbano.

JUGADOR CLAVE

TOMÁŠ SOUČEK

POSICIÓN: Centrocampista
CLUB: West Ham United FC (Inglaterra)
EDAD: 29
FECHA Y LUGAR DE NACIMIENTO: 27 de febrero de 1995, Havlíčkův Brod
DEBUT COMO INTERNACIONAL: 15 de noviembre de 2016, frente a Dinamarca
INTERNACIONALIDADES: 66 • **GOLES**: 12

Tomáš Souček ha sido un pilar básico en el centro del campo del equipo nacional durante siete años. Ha sido elegido jugador del año por los medios deportivos checos en tres ocasiones y galardonado con la Medalla de Plata Jan Masaryk por su papel como embajador deportivo nacional en 2021. Souček comenzó su carrera con el Slavia Praga, que lo traspasó al West Ham United en 2020 por algo más de 23 millones de €. Souček puede desempeñarse tanto como mediocentro defensivo como en labores más ofensivas y fue una figura clave en el éxito del West Ham en la Conference League de 2023, en la que los Hammers derrotaron a la Fiorentina y lograron su primer trofeo en 43 años. Souček jugó en las categorías inferiores de la selección antes de debutar con la absoluta contra Dinamarca en 2016. Fue miembro del equipo checo que alcanzó los cuartos de final de la EURO 2020 y posteriormente fue nombrado capitán.

ser una de las naciones futbolísticas más destacadas de Europa durante el período de entreguerras.

El Sparta y el Slavia dominaron la Copa Mitropa, en la que participaban clubes de Europa Central, y que fue precursora de las grandes competiciones continentales de clubes. Por su parte, el equipo nacional fue subcampeón en la Copa Internacional de Europa Central de 1930 y nuevamente en la Copa Mundial de la FIFA de 1934. Grandes estrellas de esa época fueron el portero František Plánička y los delanteros Oldřich Nejedlý, Antonín Puč y Josef *Pepi* Bican.

Tras la Segunda Guerra Mundial, el club de origen militar Dukla, dirigido por el gran centrocampista Josef Masopust, aportó una serie de jugadores a la selección nacional que quedó subcampeona del mundo en 1962, tras perder con Brasil. Checoslovaquia también fue una de las primeras potencias del Campeonato Europeo de Naciones. Fue tercera en la edición inaugural, celebrada en Francia, ganó una emocionante final contra Alemania Occidental en 1976 tras una tanda de penaltis, y repitió como tercera clasificada en 1980, tras volver a salir airosa en una tanda de penaltis en la que se impuso a Italia en Nápoles.

Los cuartos de final alcanzados en la Copa Mundial de 1990 en Italia supusieron su gran éxito antes de que el país se desmembrara en la República Checa y Eslovaquia. El segundo lugar en la EURO 96 disputada en Inglaterra y las semifinales en 2004 demostraron que la República Checa seguía siendo una potencia futbolística.

Como viene siendo habitual, la selección está formada por jugadores que militan en clubes de toda Europa. El veterano defensa Vladimír Coufal es compañero de Tomáš Souček en el West Ham United de la Premier League inglesa. Otros defensas habituales durante la fase de clasificación fueron Jakub Brabec y Tomáš Holeš.

El versátil Souček imprime carácter en el mediocampo, junto a Lukáš Masopust, Lukáš Provod y Michal Sadílek. De hecho, el capitán Souček fue el máximo goleador de la República Checa en la fase de clasificación con tres goles, seguido por Ladislav Krejčí, con dos.

¿SABÍAS QUE...?

La República Checa, incluyendo sus participaciones como Checoslovaquia, ha llegado a la fase final en diez ocasiones, incluyendo las siete últimas ediciones del torneo.

2012

Momentos mágicos:
SHEVCHENKO IMPERIAL

11 DE JUNIO DE 2012 / KIEV

La EURO se celebró por primera vez en Europa del Este en 2012, con Ucrania y Polonia compartiendo el honor. Era la tercera vez que se organizaba conjuntamente, tras las ediciones de 2000 y de 2008. Polonia se estrenó con un empate a 1 contra Grecia, antes de que Ucrania hiciera historia en Kiev y desatara la locura de los 64 000 aficionados locales gracias a una victoria por 2-1 ante Suecia. Fue precisamente su capitán y máxima estrella, Andriy Shevchenko, quien anotó los dos tantos ucranianos, ambos de cabeza, con los que su selección pudo remontar el gol encajado en la segunda parte. Shevchenko, de 35 años, había sufrido varias lesiones graves, pero pudo recuperarse a tiempo para el torneo. Se retiró de la selección nacional después de la fase final, tras haber logrado la cifra récord de 48 goles en 111 partidos desde su debut en 1995.

DERECHA: El capitán ucraniano Andriy Shevchenko celebra ante su afición el tanto marcado de cabeza que le dio la victoria a su selección en el partido inaugural contra Suecia disputado en 2012 en Kiev.

EURO2012
adidas
RESPECT

UEFA
EURO2024
GERMANY

SUPERESTRELLAS DE LA EURO 2024

Europa es cuna de talentos futbolísticos como ninguna otra región del fútbol internacional, gracias a su tradición futbolística y al poderío de sus clubes a lo largo del continente. Las superestrellas del fútbol europeo, desde porteros como Gianluigi Donnarumma hasta goleadores como Harry Kane, son admiradas y seguidas por aficionados de todo el mundo por su talento, sus logros pasados y sus logros venideros.

KEVIN DE BRUYNE

La habilidad, la visión de juego, el trabajo y los goles de Kevin De Bruyne en el centro del campo han sido determinantes para que la selección belga haya alcanzado un alto nivel en el fútbol europeo y mundial, así como para los éxitos de su club, el Manchester City, tanto en la Liga de Campeones de la UEFA como en la Premier League.

La carrera de la futura superestrella del fútbol mundial comenzó en el club de su ciudad natal, el KVE Drongen, en el centro de Bélgica. Rápidamente, De Bruyne ascendió en el KAA Gent y el KRC Genk, con el que se proclamó campeón nacional. Después fichó por el Chelsea FC, de la Premier League inglesa, antes de trasladarse a Alemania cedido al Werder Bremen y finalmente ser traspasado por 30 millones de € al VfL Wolfsburgo.

Las destacadas actuaciones de De Bruyne tanto con su club como con la selección volvieron a despertar el interés de los grandes clubes del fútbol inglés y, en 2015, el Manchester City cerró su contratación. Los 65 millones de € que pagó el City supusieron el desembolso récord por un futbolista belga. En los nueve años siguientes, bajo las órdenes de Manuel Pellegrini primero y de Pep Guardiola después, la carrera de De Bruyne ha ido viento en popa.

Con el City ha ganado más de una docena de títulos nacionales, así como la Liga de Campeones de la UEFA. A título individual, ha sido elegido mejor futbolista del año en Alemania, mejor deportista del año en Bélgica, mejor jugador de la Premier League y mejor centrocampista de la Liga de Campeones de la UEFA.

De Bruyne jugó con Bélgica en las categorías sub-18, sub-19 y sub-21 antes de debutar con la absoluta en agosto de 2010, en un partido contra Finlandia. Consiguió su primer tanto con su país dos meses más tarde ante Serbia. Posteriormente, De Bruyne se afianzó en el equipo titular antes de la Copa Mundial de la FIFA 2014.

Los cuartos de final supusieron el punto y final para Bélgica en Brasil, así como en la EURO 2016 y 2020. Entre ambos campeonatos europeos, De Bruyne y sus compañeros dieron un paso más y acabaron terceros en el Mundial de Rusia 2018.

DERECHA: Kevin De Bruyne jugó 19 partidos con las categorías inferiores de la selección belga antes de dar el salto a la absoluta en 2010.

POSICIÓN: Centrocampista
CLUB: Manchester City FC (INGLATERRA)
FECHA DE NACIMIENTO: 28 de junio de 1991
DEBUT COMO INTERNACIONAL: 11 de agosto de 2010, frente a Finlandia
INTERNACIONALIDADES: 99
GOLES: 26

GIANLUIGI DONNARUMMA

POSICIÓN: Portero
CLUB: Paris Saint-Germain FC (FRANCIA)
FECHA DE NACIMIENTO: 25 de febrero de 1999
DEBUT COMO INTERNACIONAL: 1 de septiembre de 2016, frente a Francia
INTERNACIONALIDADES: 60
GOLES: 0

Gianluigi Donnarumma se confirmó como una de las figuras destacadas del fútbol europeo con tan solo 22 años al atajar dos lanzamientos de la tanda de penaltis y ser el artífice de que Italia se impusiera a Inglaterra en la final de la UEFA EURO 2020 disputada en Wembley. Sorprendentemente, había debutado con la selección italiana casi cinco años antes.

En 2013, siendo adolescente, Donnarumma abandonó Castellammare di Stabia, en la bahía de Nápoles, para seguir a a su hermano Antonio al AC Milan. Su potencial lo llevó a jugar en categorías superiores. Donnarumma se convirtió en profesional a los 16 años y debutó en la Serie A contra el Sassuolo Calcio en 2015. Al siguiente enero, se convirtió en el jugador más joven en jugar como titular un derbi contra el Inter de Milán.

Pronto dejó patente su talento para detener penaltis. Donnarumma detuvo su primer lanzamiento desde los 9 metros contra el Torino al inicio de la temporada 2016/17 y otro decisivo con el que el Milan se impuso en la tanda de penaltis a la Juventus en la Supercopa de Italia disputada en Doha, Catar. Un año después, su seguridad y habilidad con los pies lo convirtieron en el jugador más joven del Milan en jugar 100 encuentros, y también en el jugador más joven en lograrlo en la Serie A.

La personalidad y los reflejos de Donnarumma aceleraron su progreso en las categorías inferiores de la selección. Se convirtió en el portero más joven en debutar con Italia cuando sustituyó al veterano y carismático Gianluigi Buffon en un partido amistoso contra Francia con 17 años y 189 días.

Donnarumma destacó en todos los partidos que disputó Italia en la EURO 2020. Fue determinante en las victorias por penaltis contra España en la semifinal y contra Inglaterra en la final. Merecidamente, recibió el premio al mejor jugador del torneo. Ese mismo verano, fichó por el Paris Saint-Germain, con el que ha ganado varios títulos de la liga francesa. Donnarumma también ayudó a Italia a conseguir el tercer lugar en las ediciones de la Liga de Naciones de la UEFA de 2021 y de 2023.

DERECHA: Gianluigi Donnarumma fue elegido el jugador más destacado de la fase final de la EURO 2020.

CHRISTIAN ERIKSEN

POSICIÓN: Centrocampista
CLUB: Manchester United FC (Inglaterra)
FECHA DE NACIMIENTO: 14 de febrero de 1992
DEBUT COMO INTERNACIONAL: 3 de marzo de 2010, frente a Austria
INTERNACIONALIDADES: 128
GOLES: 40

Christian Eriksen se dio a conocer en la escena internacional como el jugador más joven de la Copa Mundial de la FIFA 2010, cuando solo tenía 18 años y cuatro meses. Desde entonces, se ha consolidado no solo como uno de los jugadores más creativos de Dinamarca, sino también como el que más partidos ha disputado.

La carrera del mediapunta le llevó del Odense Boldklub a los Países Bajos, tras fichar por el Ajax. Más tarde jugó en Inglaterra con el Tottenham, en Italia con el Inter de Milán y de nuevo regresó a Inglaterra para jugar en el Brentford FC y en el Manchester United. Este número 10 clásico ha sido tres veces campeón de la liga holandesa, una vez de la Serie A italiana, ha ganado una Copa de la Liga con el United y ha sido subcampeón de la Liga de Campeones de la UEFA con el Tottenham en 2019.

Ericksen ha sido un fijo en el centro del campo de Dinamarca siempre que las lesiones se lo han permitido. En el camino hacia la Copa Mundial de 2018 demostró que es tanto un creador de juego como un goleador. Marcó ocho goles en los partidos de la liguilla de clasificación y un triplete en la repesca contra la República de Irlanda. La victoria le valió el billete a su equipo a Rusia, donde su participación terminó con una derrota en la tanda de penaltis ante Croacia en octavos de final.

En octubre de 2020, Eriksen celebró haberse convertido en el jugador danés más joven en alcanzar las 100 internacionalidades anotando el gol decisivo en la victoria por 0-1 contra Inglaterra en Wembley. Sin embargo, ocho meses después, su carrera se vio interrumpida tras sufrir un paro cardíaco durante un partido de la fase de grupos de la EURO 2020 contra Finlandia en Copenhague.

Eriksen fue sometido a una intervención quirúrgica para colocarle un desfibrilador y reanudó su carrera en un impresionante estado de forma en la Premier League inglesa con el Brentford y, posteriormente, con el Manchester United. Mientras tanto, en marzo de 2022, regresó a lo grande a la selección anotando un gol contra los Países Bajos.

DERECHA: Christian Eriksen se convirtió en el futbolista danés más joven en alcanzar el centenar de partidos internacionales.

İLKAY GÜNDOĞAN

İlkay Gündoğan ha demostrado ser uno de los centrocampistas más versátiles del fútbol europeo. Fue reconocido como el mejor futbolista alemán del año en 2023 gracias a su trabajo en todo el campo y a su impresionante cambio de ritmo para crear ocasiones de gol para su club y su selección.

POSICIÓN: Centrocampista
CLUB: FC Barcelona (ESPAÑA)
FECHA DE NACIMIENTO: 24 de octubre de 1990
DEBUT COMO INTERNACIONAL: 11 de octubre de 2011, frente a Bélgica
INTERNACIONALIDADES: 73
GOLES: 18

La familia de Gündoğan procede de Dursunbey, en la región turca del Mármara, y él nació y creció en Gelsenkirchen, en el corazón del Ruhr alemán. Entre 2008 y 2012 jugó 17 veces con Alemania en diferentes categorías inferiores. Tras pasar del 1. FC Núremberg al Borussia Dortmund, Gündoğan debutó con la selección absoluta en octubre de 2011.

En marzo de 2013, fue precisamente en Núremberg donde anotó su primer gol con la selección en la victoria teutona por 4-1 sobre Kazajistán en un partido de clasificación para la Copa Mundial de la FIFA. Por desgracia, su progresión se vio interrumpida por las lesiones tanto al comienzo de la temporada 2013/14 como en mayo de 2016, cuando se perdió la EURO 2016 disputada en Francia.

Gündoğan espera resarcirse de las malas experiencias pasadas con su selección, y que mejor momento y lugar para ello que en la EURO que se disputará en su país. Y es que la estrella del FC Barcelona formó parte de la selección que cayó en la fase de grupos de la Copa Mundial de Rusia 2018 y luego en octavos de final de la posterior EURO.

La Copa Mundial de 2022 en Catar supuso una nueva decepción, aunque afortunadamente ha cosechado extraordinarios logros en su carrera a nivel de clubes. Fue campeón de Alemania en 2012 con el Borussia Dortmund antes de convertirse en el primer fichaje del recién nombrado entrenador del Manchester City, Pep Guardiola, en 2016. El gran rendimiento de Gündoğan en la conquista de cinco títulos de la Premier League inglesa y de la Liga de Campeones de la UEFA antes de fichar por el FC Barcelona en 2023 confirmó el buen ojo de Guardiola. La EURO 2024 en casa llega en un momento inmejorable para este talentoso centrocampista.

DERECHA: İlkay Gündoğan ganó el máximo galardón de clubes de la UEFA en 2023 y ahora persigue el equivalente internacional con su selección.

HARRY KANE

El capitán de Inglaterra, Harry Kane, es el máximo goleador de la historia de su país. La estrella de 30 años del Bayern de Múnich ha demostrado en sus nueve años de carrera internacional que es el delantero ideal. Aúna el liderazgo y la definición de un delantero centro, con la calidad y la visión de juego esenciales en el fútbol moderno.

POSICIÓN: Delantero
CLUB: FC Bayern de Múnich (ALEMANIA)
FECHA DE NACIMIENTO: 28 de julio de 1993
DEBUT COMO INTERNACIONAL: 27 de marzo de 2015, frente a Lituania
INTERNACIONALIDADES: 89
GOLES: 62

En marzo del año pasado, Kane marcó su gol número 54 con la selección inglesa en la victoria sobre Italia en un encuentro de la fase de clasificación para la EURO, con el que superó el récord logrado por su excompañero Wayne Rooney en 2015. Fue en su 81.ª participación internacional.

Kane fue ascendiendo poco a poco en el escalafón de Inglaterra, representando a su país en las categorías sub-17, sub-19, sub-20 y sub-21. Marcó en la Copa Mundial sub-20 de la FIFA y fue titular con la sub-21 antes de debutar con la absoluta en la segunda parte de un partido de clasificación para la EURO 2016 contra Lituania. Kane solo necesitó 90 segundos para inaugurar su cuenta goleadora. Su primera titularidad con la absoluta se produjo días después, en un partido que acabó 1-1 contra Italia en Turín.

Designado capitán de Inglaterra en mayo de 2018, lideró a la selección a las semifinales de la Copa Mundial de la FIFA de ese mismo año, terminando como máximo goleador del torneo con seis tantos.

Kane empezó su andadura como profesional en el Tottenham Hotspur en 2010 y fue cedido a otros cuatro clubes antes de volver para debutar en la Premier League en abril de 2014. Con los Spurs logró la cifra récord de 280 goles en todas las competiciones. Kane contribuyó con cuatro goles en el camino del Tottenham hasta la final de la Liga de Campeones de la UEFA en 2019 y fue el máximo goleador de la Premier League en tres ocasiones antes de ser traspasado al Bayern el verano de 2023. Los bávaros pagaron 110 millones de € por él, una cifra récord en Alemania.

Kane abandonó la Premier League tras haber anotado 213 goles, superando a Rooney (208) y solo por detrás de Alan Shearer (260).

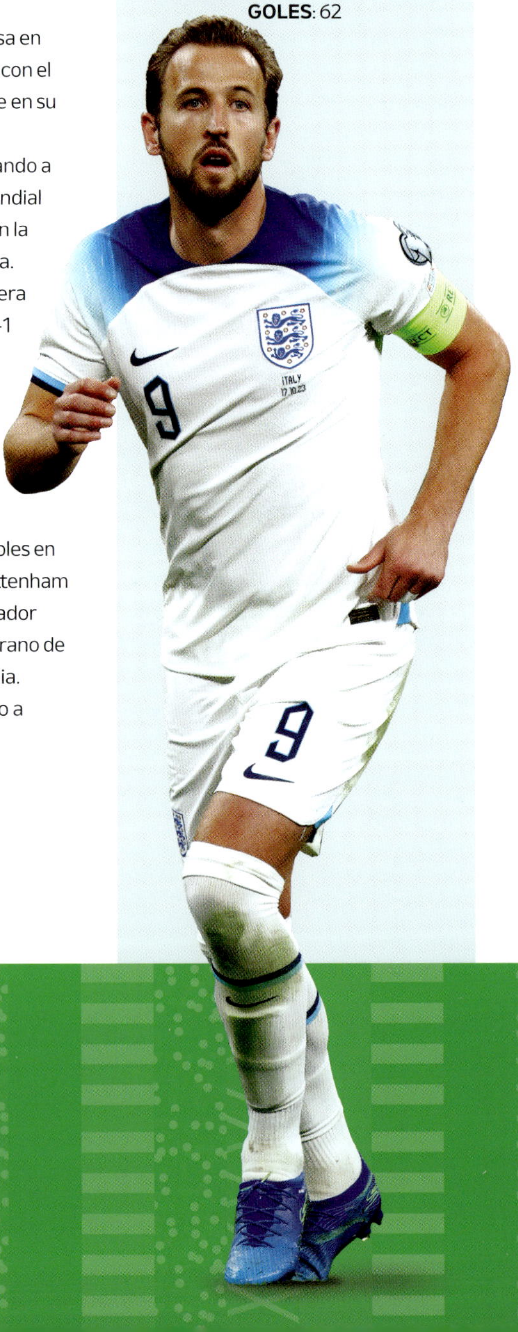

DERECHA: Harry Kane ha demostrado ser un prolífico goleador tanto con sus clubes como con su selección.

KYLIAN MBAPPÉ

La explosividad de Kylian Mbappé ha iluminado el fútbol internacional desde su debut con Francia hace siete años. En 2018, con 19 años, fue el jugador más joven en marcar en una final de la Copa Mundial de la FIFA desde Pelé en 1958, y en 2022 fue el máximo goleador de la fase final de Catar con ocho tantos.

POSICIÓN: Delantero
CLUB: Paris Saint-Germain FC (FRANCIA)
FECHA DE NACIMIENTO: 20 de diciembre de 1998
DEBUT COMO INTERNACIONAL: 25 de marzo de 2017, frente a Luxemburgo
INTERNACIONALIDADES: 75
GOLES: 46

Mbappé nació y creció en Bondy, un municipio al noreste de París, y dio sus primeros pasos en el AS Bondy local, donde su padre, Wilfried, era entrenador. Su talento le llevó al AS Mónaco, donde se convirtió en el debutante más joven, con 16 años y 347 días.

Su enorme olfato de gol condujo al Mónaco al título de la liga francesa y a las semifinales de la Liga de Campeones de la UEFA en 2017. Su destacada actuación llamó la atención del París Saint-Germain, equipo que desembolsó 180 millones de €, convirtiendo a Mbappé en el segundo futbolista más caro de la historia.

Mbappé estuvo a la altura de las expectativas y condujo al PSG a cinco títulos de la Ligue 1, así como a dos tripletes de liga, Copa de Francia y Copa de la Liga, además de un subcampeonato de la Liga de Campeones de 2020. Su combinación de habilidad, velocidad y efectividad de cara al gol le valió los premios al mejor jugador nacional en 2018, 2019 y 2022.

Con Francia, Mbappé ganó el Campeonato de Europa sub-19 de la UEFA 2016 y, un año después, debutó con la absoluta con solo 18 años. Mbappé se convirtió en el jugador francés más joven en marcar en un Mundial durante la triunfal campaña de Francia en 2018, y en el segundo adolescente, después de Pelé, en marcar en la final. Sus cuatro goles y su rendimiento general fueron recompensados con el premio al Mejor Jugador Joven.

Mbappé ha seguido mostrándose imparable. En 2021 marcó el gol de la victoria de Francia contra España en la final de la Liga de Naciones de la UEFA. Un año más tarde, se convirtió en el segundo jugador, después del inglés Geoff Hurst en 1966, en marcar un triplete (a pesar de la derrota) en una final de la Copa Mundial de la FIFA.

DERECHA: Kylian Mbappé fue elegido mejor jugador de Francia tres veces en cinco años, entre 2018 y 2022.

A. WILLIAMS

2016

Momentos mágicos:
EL SUEÑO GALÉS

11 DE JUNIO DE 2016 / BURDEOS

Gales, liderada por su capitán Gareth Bale, voló muy alto en su primera participación en un gran torneo en 58 años al alcanzar las semifinales en Francia. Era la primera vez que llegaba a las rondas eliminatorias desde que cayera en cuartos de final de la Copa Mundial de la FIFA celebrada en Suecia en 1958. Los Dragones Rojos iniciaron la EURO superando a Eslovaquia por 2-1. Bale, que acababa de imponerse con el Real Madrid en la segunda de las cinco Ligas de Campeones de la UEFA que ganaría, inauguró el marcador a los diez minutos. La estrella galesa volvió a ver portería contra Inglaterra y Rusia camino de la fase eliminatoria. Gales se deshizo de Irlanda del Norte y de Bélgica antes de poner fin a una participación de ensueño en semifinales contra Portugal.

IZQUIERDA: Un magistral lanzamiento de falta de Gareth Bale abrió el marcador de la victoria por 2-1 de Gales frente a Eslovaquia, el inicio perfecto para la debutante en una fase final de la EURO.

ALEKSANDAR MITROVIĆ

POSICIÓN: Delantero
CLUB: Al Hilal SFC (ARABIA SAUDÍ)
FECHA DE NACIMIENTO: 16 de septiembre de 1994
DEBUT COMO INTERNACIONAL: 7 de junio de 2013, frente a Bélgica
INTERNACIONALIDADES: 87
GOLES: 57

Aleksandar Mitrović se ha convertido en el máximo goleador histórico de Serbia tras una década en la que no solo ha aportado goles, sino también liderazgo. Mitrović había destacado ya en categorías inferiores y ha sido elegido dos veces futbolista serbio del año.

Mitrović logró su primer título como internacional en 2013, cuando Serbia ganó el Campeonato de Europa sub-19 de la UEFA, torneo en el que fue elegido mejor jugador. Su estilo potente y directo le permitió dar el salto rápidamente a la selección sub-21 antes de debutar con la absoluta en junio de 2013 contra Bélgica en Bruselas en un partido de clasificación para la Copa Mundial de la FIFA 2014. El primer gol de Mitrović con la selección absoluta llegó tres meses después en un encuentro contra Croacia, y, su primer triplete, en un amistoso de preparación para el Mundial contra Bolivia en junio de 2018.

Serbia no superó la fase de grupos en Rusia y se quedó fuera de la EURO 2020, pero logró superar el bache y clasificarse para la fase final de la Copa Mundial de 2022 en Catar. El atacante marcó ocho goles en la fase de clasificación, el más importante de ellos en el último minuto del último partido de la fase de grupos contra Portugal. Marcó dos goles en la fase final antes de que la campaña de Serbia terminara en el primer obstáculo.

Mitrović es natural de la ciudad de Smederevo, a unos 50 kilómetros de Belgrado, donde se convirtió en profesional con el Partizan en 2012. En su primera temporada completa se proclamó campeón de liga, lo que le valió el traspaso al Anderlecht belga, donde no paró de marcar goles. Mitrović sumó un título de liga belga antes de trasladarse a la Premier League inglesa en 2015.

Pasó tres años en el Newcastle antes de fichar por el Fulham, entonces en la Championship, con el que logró el récord goleador de la segunda división con 43 tantos para devolver al club londinense a la máxima categoría. El año pasado fichó por el Al Hilal por más de 58 millones de €.

DERECHA: Aleksandar Mitrović se hizo un nombre al liderar a Serbia hacia la victoria en el Campeonato de Europa sub-19 en 2013.

LUKA MODRIĆ

Luka Modrić, el eterno capitán y organizador del juego de Croacia, ha sido una de las estrellas más brillantes y constantes del fútbol mundial durante más de una década. Fue elegido Jugador del Año de la UEFA en 2018 tras liderar a Croacia y lograr el subcampeonato en la Copa Mundial de la FIFA disputada en Rusia.

POSICIÓN: Centrocampista
CLUB: Real Madrid CF (ESPAÑA)
FECHA DE NACIMIENTO: 9 de septiembre de 1985
DEBUT COMO INTERNACIONAL: 1 de marzo de 2006, frente a Argentina
INTERNACIONALIDADES: 172
GOLES: 24

La habilidad de Modrić para ejercer como enlace entre la defensa y la delantera le ha reportado numerosos éxitos, mientras que su gran condición física y longevidad le han llevado a ganarse la admiración tanto de compañeros de equipo como de sus rivales.

El Dinamo Zagreb fue el trampolín para una magnífica carrera de clubes. Modrić fue tres veces campeón de la liga de Croacia y dos veces ganador de la copa doméstica antes de fichar por el Tottenham Hotspur de la Premier League inglesa en 2008 y luego por el Real Madrid en 2012 por lo que resultó ser una ganga de 30 millones de €.

En las filas del Real Madrid, Modrić ha levantado 23 trofeos, incluyendo cinco Ligas de Campeones de la UEFA y la Copa Mundial de Clubes de la FIFA, además de cuatro Supercopas de la UEFA. Ha sido elegido futbolista del año en Croacia en once ocasiones.

En 2018, cuando fue elegido el mejor jugador de la Copa Mundial de la FIFA, Modrić también ganó los premios al mejor jugador de la FIFA y el Balón de Oro. Esto lo convirtió en el primer jugador en más de una década en romper la hegemonía de Lionel Messi y Cristiano Ronaldo.

Modrić debutó con 20 años con la selección de Croacia en un encuentro contra Argentina en marzo de 2006. Tres meses después, debutó en una Copa Mundial en Alemania y, dos años después, formó parte del equipo croata que alcanzó los cuartos de final de la EURO 2008.

Diez años después, Modrić lideró como capitán la memorable actuación de Croacia en la Copa Mundial de 2018, donde cayó en la final. A este éxito le siguieron el tercer lugar en la Copa Mundial de la FIFA 2022 y el subcampeonato en la Liga de Naciones de la UEFA 2023.

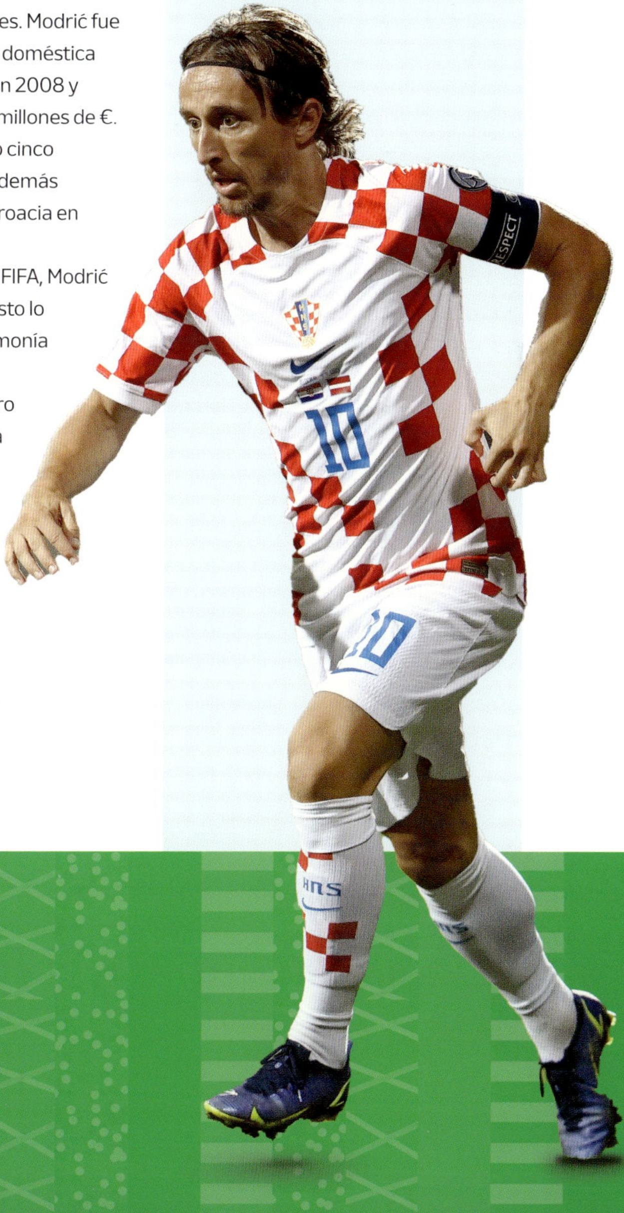

DERECHA: Luka Modrić ha sido galardonado con los principales premios individuales por sus dotes de liderazgo con Croacia.

JAN OBLAK

POSICIÓN: Portero
CLUB: Club Atlético de Madrid (ESPAÑA)
FECHA DE NACIMIENTO:
7 de enero de 1993
DEBUT COMO INTERNACIONAL:
11 de septiembre de 2012, frente a Noruega
INTERNACIONALIDADES: 62
GOLES: 0

Jan Oblak es uno de los porteros más destacados y valorados del fútbol mundial. Ejerce como capitán del equipo nacional de Eslovenia y ha sido elegido futbolista del año de su país en seis ocasiones tras demostrar sus reflejos para detener disparos y su dominio del área.

Oblak disfrutó de un breve período como jugador profesional en Eslovenia en las filas del Olimpija Ljubljana. Su potencial atrajo la atención de clubes italianos e ingleses, aunque finalmente fichó por el equipo más laureado de Portugal, el Benfica, con tan solo 17 años. Salió cedido para adquirir experiencia en equipos como el Beira-Mar, el Olhanense, el UD Leiria y el Rio Ave.

En 2013, Oblak regresó al Benfica y, solo un año después, contribuyó a que las Águilas de Lisboa lograran su décimo doblete portugués. Esa misma temporada, el Benfica también ganó la Copa de la Liga de Portugal y llegó a la final de la UEFA Europa League en Turín, que perdió en la tanda de penaltis ante el Sevilla FC. Sus destacadas actuaciones tanto en la competición nacional como en la competición europea llamaron la atención del Atlético de Madrid, equipo que fichó a Oblak por 23,4 millones de €, convirtiéndose en el portero más caro de LaLiga hasta esa fecha.

El talento de Oblak fue determinante en los éxitos del Atlético de Madrid, quien se alzó con la UEFA Europa League y la Supercopa de la UEFA en 2018, y con el campeonato español en 2021. La seguridad bajo palos de Oblak y su regularidad lo han hecho merecedor del trofeo Zamora al portero que menos goles ha encajado de LaLiga en cinco ocasiones. También fue votado como mejor jugador de LaLiga en 2021.

Oblak disputó 25 partidos en las categorías inferiores de la selección antes de debutar con la absoluta contra Noruega en un partido de clasificación para la Copa Mundial de la FIFA en septiembre de 2012. Tres años después, se convirtió en el portero titular y, en 2019, fue nombrado capitán.

DERECHA: Jan Oblak es uno de los porteros más destacados de LaLiga y ejerce de capitán de su selección.

RODRI

Rodri se ha consolidado con España y el Manchester City como un ejemplo de clase contrastada de cómo desempeñar el papel de ancla en el centro del campo, posición que se ha vuelto fundamental en el fútbol actual. Su visión de juego y su inteligencia se han visto recompensadas con una docena de títulos con sus clubes y con su país.

Rodrigo Hernández Cascante cosechó más títulos la temporada pasada, 2022/23, que muchos jugadores destacados en toda su carrera. Figura capital en los logros nacionales e internacionales del Manchester City, su trabajo fue recompensado con cuatro grandes trofeos: la Liga de Campeones de la UEFA y la Supercopa de la UEFA, además de la Premier League inglesa y la FA Cup.

Rodri también fue una pieza fundamental en la clasificación de España para la EURO 2024, y el entrenador del City, Pep Guardiola, alabó su figura y lo definió como «el mejor centrocampista de Europa».

Rodri, nacido y criado en Madrid, empezó su carrera en el Atlético, pero se dio a conocer en el Villarreal CF. El Atlético tuvo que pagar 20 millones de € para recuperarlo en 2018 y Rodri respondió a la confianza de forma inmediata al participar en su debut en la victoria sobre sus vecinos del Real Madrid en la Supercopa de la UEFA.

Menos de un año después, se convirtió en uno de los fichajes más caros del City, con 71,5 millones de €, y logró otro éxito en su debut en la FA Community Shield de 2019.

Un éxito siguió a otro a nivel de clubes mientras, simultáneamente, Rodri mejoraba su reputación en la selección nacional. Había jugado con España en las categorías sub-16, sub-19 y sub-21 antes de debutar con la absoluta como suplente en un empate a 1 con Alemania en 2018.

Sin embargo, el éxito con la selección le ha sido esquivo... hasta ahora. Rodri formó parte de la selección española que cayó en la tanda de penaltis frente a Italia en semifinales de la EURO 2020 y frente a Marruecos en octavos de final de la Copa Mundial de la FIFA 2022.

POSICIÓN: Centrocampista
CLUB: Manchester City FC (INGLATERRA)
FECHA DE NACIMIENTO: 22 de junio de 1996
DEBUT COMO INTERNACIONAL: 21 de marzo de 2018, frente a Alemania
INTERNACIONALIDADES: 48
GOLES: 1

DERECHA: Rodri fue tetracampeón con el Manchester City en la temporada 2022/23.

CRISTIANO RONALDO

Cristiano Ronaldo es el futbolista europeo con el palmarés más espectacular de todos los tiempos. Es el futbolista que suma más internacionalidades y el máximo goleador internacional de todos los tiempos. Sus títulos y premios, tanto a nivel de clubes como en el ámbito individual, lo han convertido en una leyenda.

POSICIÓN: Delantero
CLUB: Al-Nassr FC (ARABIA SAUDÍ)
FECHA DE NACIMIENTO:
5 de febrero de 1985
DEBUT COMO INTERNACIONAL:
20 de agosto de 2003, frente a Kazajistán
INTERNACIONALIDADES: 205
GOLES: 128

Los logros de Cristiano Ronaldo dos Santos Aveiro le han valido el premio al mejor jugador de la FIFA en siete ocasiones y el galardón al mejor jugador portugués del año en cuatro ocasiones. El aeropuerto de su Madeira natal ha sido rebautizado en su honor.

CR7 ha conseguido más de 50 premios individuales y una retahíla de títulos ente los que destacan las cinco Ligas de Campeones de la UEFA y los cuatro Mundiales de Clubes de la FIFA como jugador del Manchester United y del Real Madrid. Además, ha liderado a su país al éxito en la EURO 2016 y en la edición inaugural de la UEFA Nations League 2019.

Por el camino, Ronaldo también se convirtió en el único jugador que se ha coronado como máximo goleador de liga en Inglaterra (con el United), en España (con el Real Madrid) y en Italia (con la Juventus).

El capitán de Portugal debutó con la selección absoluta con 18 años, en un partido contra Kazajistán en agosto de 2003. En 2021, dieciocho años después, su afán de superación le llevó a batir el récord de goles con la selección masculina al marcar sus tantos 110 y 111 en la victoria por 2-1 contra la República de Irlanda. En marzo de 2023, superó el récord de internacionalidades del kuwaití Bader Al-Mutawa en su 197.º encuentro con Portugal.

En Catar, se convirtió en el primer jugador en anotar en cinco Copas Mundiales de la FIFA, un logro que se suma a su récord previo de ser el primero en marcar en cinco ediciones de la EURO. Tras el Mundial de 2022, Ronaldo emprendió una nueva aventura en el Al-Nassr de Arabia Saudí.

DERECHA: Cristiano Ronaldo ha batido todos los récords individuales posibles con Portugal.

DOMINIK SZOBOSZLAI

POSICIÓN: Centrocampista
CLUB: Liverpool FC (INGLATERRA)
FECHA DE NACIMIENTO: 25 de octubre de 2000
DEBUT COMO INTERNACIONAL: 21 de marzo de 2019, frente a Eslovaquia
INTERNACIONALIDADES: 38
GOLES: 10

Dominik Szoboszlai es la última figura de un país con una gran tradición futbolística que se remonta a un siglo. Esta ha incluido desde los subcampeones de la Copa Mundial de la FIFA de 1938 hasta los Magiares Mágicos de principios de la década de 1950, pasando por los equipos campeones olímpicos y un sinfín de grandes jugadores e innovadores entrenadores.

Szoboszlai, a pesar de su juventud, ya se ha consolidado como capitán de Hungría y ha sido el jugador húngaro por el que se ha pagado el mayor traspaso en dos ocasiones. Primero, el RB Leipzig de la Bundesliga desembolsó por él 20 millones de € cuando lo fichó del Salzburgo, y luego, su valoración se disparó hasta los 70 millones de € en su traspaso al Liverpool de la Premier League en 2023.

Estos traspasos no hicieron más que confirmar las grandes expectativas que acompañan a Szoboszlai desde adolescente. Fue capitán de la selección húngara sub-17 a los 15 años y, en enero de 2020, entró en la lista UEFA.com de jóvenes promesas.

Szoboszlai, natural de la histórica ciudad de Székesfehérvár, inició su carrera en los clubes húngaros del Fehérvár, Főnix Gold y el MTK Budapest, antes de fichar por el Liefering austriaco, cantera del FC Salzburgo.

A los 17 años debutó en la Bundesliga austriaca y, en 2020, su meteórico ascenso le convirtió en el mejor jugador de la liga. Szobolszai fichó por el Leipzig en 2021 y celebró su primer gran éxito al ganar la Copa de Alemania en 2022. El Liverpool se hizo con sus servicios un año después.

Szoboszlai aún militaba en el Salzburgo cuando debutó y marcó su primer gol con la selección absoluta de Hungría. Más tarde logró el gol de la victoria en la prórroga de una eliminatoria contra Islandia que llevó a la selección húngara a la EURO 2020. Lamentablemente, una lesión le impidió participar en la fase final. Hungría no logró clasificarse para la Copa Mundial de la FIFA de Catar, por lo que la EURO 2024 verá a su joven capitán debutar en un gran escenario internacional.

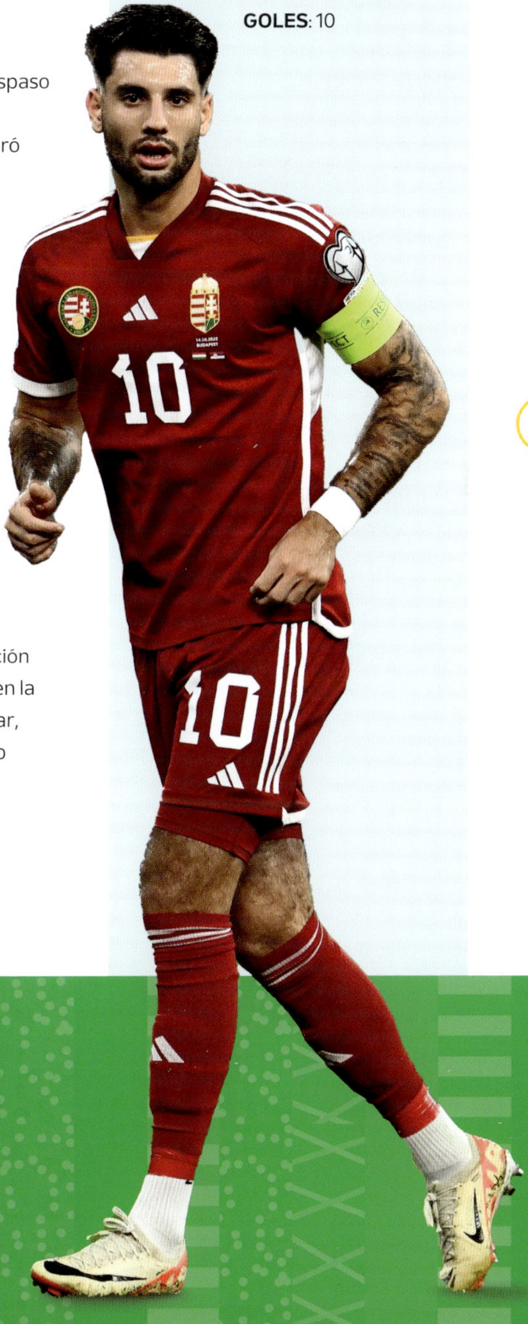

DERECHA: Dominik Szoboszlai quiere recuperar el tiempo perdido tras no poder disputar la EURO 2020 por lesión.

VIRGIL VAN DIJK

Virgil van Dijk buscará resarcirse de los sinsabores que el torneo le ha deparado hasta la fecha. Debutó con la selección absoluta en 2015, pero los Países Bajos no lograron clasificarse para la EURO 2016 y se perdió la siguiente edición del torneo por una lesión en la rodilla.

POSICIÓN: Defensa
CLUB: Liverpool FC (INGLATERRA)
FECHA DE NACIMIENTO: 8 de julio de 1991
DEBUT COMO INTERNACIONAL: 10 de octubre de 2015, frente a Kazajistán
INTERNACIONALIDADES: 64
GOLES: 7

Van Dijk, un líder nato que comanda la línea defensiva con mano de hierro, ha ganado varios títulos desde que inició su carrera profesional en el Groningen. Ganó la liga escocesa en dos ocasiones y la copa de la liga con el Celtic antes de trasladarse a la Premier League para enrolarse en las filas del Southampton FC. Más tarde, en enero de 2018, fichó por el Liverpool.

Los Reds desembolsaron casi 88 millones de € por su fichaje, lo que en ese momento convirtió a Van Dijk tanto en el defensa más caro como en el jugador neerlandés más caro de la historia. Van Dijk ha compensado la inversión con creces.

En 2019, el legendario club de Anfield ganó la Liga de Campeones de la UEFA, la Supercopa de la UEFA y la Copa Mundial de Clubes de la FIFA. Un año después, ayudó a que el Liverpool lograra su primer título de liga doméstica en 30 años. Merecidamente, fue votado como Jugador del Año de la UEFA y el mejor jugador de la Premier League.

La carrera en la selección nacional de Van Dijk comenzó con la selección sub-19 de los Países Bajos y, tras pasar también por la sub-21, fue convocado por la absoluta en 2014. Sin embargo, no fue hasta el año siguiente cuando pudo disfrutar finalmente de su debut en un partido contra Kazajistán que formaba parte de la fase de clasificación para la EURO.

En 2018, el seleccionador Ronald Koeman designó a Van Dijk como capitán, quien tuvo que esperar cuatro años antes de liderar a la Oranje en un torneo importante: la Copa Mundial de la FIFA 2022. La selección neerlandesa llegó a los cuartos de final, donde cayó en la tanda de penaltis contra Argentina.

DERECHA: Virgil van Dijk logró la Liga de Campeones de la UEFA con el Liverpool en 2019.

GRANIT XHAKA

Granit Xhaka es uno de los nueve jugadores suizos con más de 100 internacionalidades. Su trayectoria incluye un título mundial en categorías juveniles y un destacado rol como jugador de la selección absoluta en importantes torneos internacionales.

POSICIÓN: Centrocampista
CLUB: Bayer 04 Leverkusen (ALEMANIA)
FECHA DE NACIMIENTO: 27 de septiembre de 1992
DEBUT COMO INTERNACIONAL: 4 de junio de 2011, frente a Inglaterra
INTERNACIONALIDADES: 121
GOLES: 14

Xhaka hizo su primera aparición internacional en 2009 en la Copa Mundial sub-17 de la FIFA, donde Suiza venció a los anfitriones y campeones, Nigeria, por 1-0 en la final. Su debut con la selección absoluta llegó dos años después.

Xhaka nació y creció en Basilea. De padres albanokosovares, tanto él como su hermano han disfrutado de una carrera como profesionales en el mundo del fútbol. Granit decidió jugar con Suiza, mientras que su hermano mayor, Taulant, optó por Albania. Los hermanos se enfrentaron en la EURO 2016 en Lens, en un partido que cayó del lado del combinado suizo por 1-0.

Xhaka se convirtió en un habitual de la selección suiza en la Copa Mundial de la FIFA 2014 y 2018, así como en la EURO 2016 y 2020. Alcanzó las 100 internacionalidades en un amistoso contra Kosovo en marzo de 2022.

Xhaka, reconocido como uno de los centrocampistas más competitivos del fútbol europeo, ha sigo galardonado dos veces como el mejor futbolista suizo.

Comenzó su carrera en el Concordia Basel antes de unirse a la sección juvenil del FC Basilea en enero de 2003. Se estrenó como goleador en una eliminatoria de la Liga de Campeones de la UEFA contra el Debreceni VSC húngaro. En sus dos temporadas en el primer equipo, logró la liga y la copa antes de fichar por el Borussia Mönchengladbach alemán en 2012.

Sus dotes de liderazgo lo llevaron a ser designado capitán del Borussia antes de abandonar el equipo alemán para fichar por el Arsenal en 2016. Sus siete años en el norte de Londres se saldaron con la consecución de dos títulos de la FA Cup. En 2022, fichó por el Bayer Leverkusen en su regreso a Alemania.

DERECHA: Granit Xhaka ha ganado títulos tanto en Suiza como en Inglaterra.

2021

Momentos mágicos:
DONNARUMMA AL RESCATE

11 DE JULIO DE 2021 / WEMBLEY

Italia se ha proclamado campeona de Europa en dos ocasiones y en ambas ha tenido que hacer gala de unos nervios de acero. En 1968, los *Azzurri* derrotaron a Yugoslavia en la repetición de la final y, en la EURO 2020, se impusieron en la tanda de penaltis tanto a España en semifinales como a la anfitriona, Inglaterra, en la final de Wembley. Leonardo Bonucci logró igualar en la segunda parte el tempranero tanto de Luke Shaw y este empate se mantuvo hasta el final de la prórroga. Italia volvió a verse por detrás en el marcador con el 2-1 en la tanda de penaltis antes de que el guardameta Gianluigi Donnarumma diera la vuelta a la tortilla. Donnarumma, que por entonces tenía 22 años, detuvo los lanzamientos de Jadon Sancho y de Bukayo Saka, y la Italia de Roberto Mancini se impuso 3-2. Las tres porterías a cero de Donnarumma, sus nueve paradas y la concesión de solo cuatro goles en siete partidos le valieron el galardón al mejor jugador del torneo otorgado por el equipo de observadores técnicos de la UEFA.

DERECHA: Los jugadores de Italia felicitan al portero Gianluigi Donnarumma tras detener el quinto y último penalti a Inglaterra en la final de la EURO 2020 disputada en Wembley.

12
edEx

TABLA DE RESULTADOS DE LA UEFA EURO 2024

Completa los resultados de los partidos a medida que se vaya desarrollando el torneo. Todos los horarios son locales y aparecen en CEST (horario de verano centroeuropeo, que equivale a UTC +2). Los horarios están sujetos a cambios.

GRUPO A

14 de junio, 21:00	**Alemania**			**Escocia**	Múnich
15 de junio, 15:00	**Hungría**			**Suiza**	Colonia
19 de junio, 18:00	**Alemania**			**Hungría**	Stuttgart
19 de junio, 21:00	**Escocia**			**Suiza**	Colonia
23 de junio, 21:00	**Suiza**			**Alemania**	Fráncfort
23 de junio, 21:00	**Escocia**			**Hungría**	Stuttgart

Equipo	PJ	G	E	P	DG	Pts
1						
2						
3						
4						

GRUPO D

16 de junio, 15:00	Playoff A			**Países Bajos**	Hamburgo
17 de junio, 21:00	**Austria**			**Francia**	Düsseldorf
21 de junio, 18:00	Playoff A			**Austria**	Berlín
21 de junio, 21:00	**Países Bajos**			**Francia**	Leipzig
25 de junio, 18:00	**Países Bajos**			**Austria**	Berlín
25 de junio, 18:00	**Francia**			Playoff A	Dortmund

Equipo	PJ	G	E	P	DG	Pts
1						
2						
3						
4						

GRUPO B

15 de junio, 18:00	**España**			**Croacia**	Berlín
15 de junio, 21:00	**Italia**			**Albania**	Dortmund
19 de junio, 15:00	**Croacia**			**Albania**	Hamburgo
19 de junio, 21:00	**España**			**Italia**	Gelsenkirchen
24 de junio, 21:00	**Albania**			**España**	Düsseldorf
24 de junio, 21:00	**Croacia**			**Italia**	Leipzig

Equipo	PJ	G	E	P	DG	Pts
1						
2						
3						
4						

GRUPO E

17 de junio, 15:00	**Rumanía**			Playoff B	Múnich
17 de junio, 18:00	**Bélgica**			**Eslovaquia**	Fráncfort
21 de junio, 15:00	**Eslovaquia**			Playoff B	Düsseldorf
22 de junio, 21:00	**Bélgica**			**Rumanía**	Colonia
26 de junio, 18:00	**Eslovaquia**			**Rumanía**	Fráncfort
26 de junio, 18:00	Playoff B			**Bélgica**	Stuttgart

Equipo	PJ	G	E	P	DG	Pts
1						
2						
3						
4						

GRUPO C

16 de junio, 18:00	**Eslovenia**			**Dinamarca**	Stuttgart
16 de junio, 21:00	**Serbia**			**Inglaterra**	Gelsenkirchen
20 de junio, 15:00	**Eslovenia**			**Serbia**	Múnich
20 de junio, 18:00	**Dinamarca**			**Inglaterra**	Fráncfort
25 de junio, 21:00	**Inglaterra**			**Eslovenia**	Colonia
25 de junio, 21:00	**Dinamarca**			**Serbia**	Múnich

Equipo	PJ	G	E	P	DG	Pts
1						
2						
3						
4						

GRUPO F

18 de junio, 18:00	**Turquía**			Playoff C	Dortmund
18 de junio, 21:00	**Portugal**			**Rep. Checa**	Leipzig
22 de junio, 15:00	Playoff C			**Rep. Checa**	Hamburgo
22 de junio, 18:00	**Turquía**			**Portugal**	Dortmund
26 de junio, 21:00	Playoff C			**Portugal**	Gelsenkirchen
26 de junio, 21:00	**Rep. Checa**			**Turquía**	Hamburgo

Equipo	PJ	G	E	P	DG	Pts
1						
2						
3						
4						

OCTAVOS DE FINAL

29 de junio, 21:00, partido 37, Dortmund

Primero del Grupo A — Segundo del Grupo C

☐ vs. ☐

29 de junio, 18:00, partido 38, Berlín

Segundo del Grupo A — Segundo del Grupo B

☐ vs. ☐

30 de junio, 21:00, partido 39, Colonia

Primero del Grupo B — Tercero del Grupo A/D/E/F

☐ vs. ☐

30 de junio, 18:00, partido 40, Gelsenkirchen

Primero del Grupo C — Tercero del Grupo D/E/F

☐ vs. ☐

1 de julio, 21:00, partido 41, Fráncfort

Primero del Grupo F — Tercero del Grupo A/B/C

☐ vs. ☐

1 de julio, 18:00, partido 42, Düsseldorf

Segundo del Grupo D — Segundo del Grupo E

☐ vs. ☐

2 de julio, 18:00, partido 43, Múnich

Primero del Grupo E — Tercero del Grupo A/B/C/D

☐ vs. ☐

2 de julio, 21:00, partido 44, Leipzig

Primero del Grupo D — Segundo del Grupo F

☐ vs. ☐

CUARTOS DE FINAL

5 de julio, 18:00, partido 45, Stuttgart

Ganador del partido 39 — Ganador del partido 37

☐ vs. ☐

5 de julio, 21:00, partido 46, Hamburgo

Ganador del partido 41 — Ganador del partido 42

☐ vs. ☐

6 de julio, 21:00, partido 47, Berlín

Ganador del partido 43 — Ganador del partido 44

☐ vs. ☐

6 de julio, 18:00, partido 48, Düsseldorf

Ganador del partido 40 — Ganador del partido 38

☐ vs. ☐

SEMIFINALES

9 de julio, 21:00, partido 49, Múnich

Ganador del partido 45 — Ganador del partido 46

☐ vs. ☐

10 de julio, 21:00, partido 50, Dortmund

Ganador del partido 47 — Ganador del partido 48

☐ vs. ☐

FINAL UEFA EURO 2024

14 de julio, 21:00, Berlín

☐ vs. ☐

Goleadores — Goleadores

Jugador del partido

CRÉDITOS FOTOGRÁFICOS

Los editores desean agradecer a las siguientes fuentes por su amable permiso para reproducir las imágenes en este libro. (T: arriba, B: abajo, L: izquierda, R: derecha)

ALAMY
AP 18-19

COLORSPORT
56-57

GETTY IMAGES
ANP 39; Severin Aichbauer/SEPA.Media 73B; Jose Manuel Alvarez/Quality Sport Images 100R; Anadolu Agency 26B, 100L; Athena Pictures 72B; Mikolaj Barbanell/SOPA Images/LightRocket 102L; Lars Baron 17T, 108; Serhat Cagdas/Anadolu Agency 96L; Jean Catuffe 22B; Matteo Ciambelli/DeFodi Images 109; Emmanuele Ciancaglini/Ciancaphoto Studio 110; Reinaldo Coddou H. 13T; Seb Daly/Sportsfile 74R, 98B; Elianton/Mondadori Portfolio 52R, 53; Stu Forster/Allsport/Hulton Archive 92-93; Foto Olimpik/NurPhoto 24T; Stuart Franklin 14T, 16B; Sebastian Frej/MB Media 25T, 42L, 116, 121; Nigel French/Sportsphoto/Allstar 40R; Jürgen Fromme/firo sportphoto 38L; James Gill/Danehouse 51; Markus Gilliar/GES Sportfoto 38R; Laurence Griffiths 124-125; Georg Hochmuth/APA/AFP 77; Isosport/MB Media 24B; Gilbert Iundt/Corbis/VCG 68-69; Zed Jameson/MB Media 101; Mohammad Karamali/DeFodi Images 118; Attila Kisbenedek/AFP 43; Joe Klamar/AFP 114-115; Jurij Kodrun 25B; Christof Koepsel 15T; Igor Kralj/Pixsell/MB Media 96R; Harry Langer/DeFodi Images 17B, 45, 123; Miroslav Lelas/Pixsell/MB Media 23B; Christian Liewig/Corbis 79; Ross MacDonald/SNS GRUPO 22T; Marcio Machado/Eurasia Sport Images 26T, 44L, 44R; Jure Makovec/AFP 99T; Charles McQuillan 60R; Pedja Milosavljevic/DeFodi Images 65; Dean Mouhtaropoulos 15B; Jonathan Nackstrand/AFP 76L; Nesimages/Michael Bulder/DeFodi Images 119; Alex Nicodim/NurPhoto 91B, 99B; Rene Nijhuis/BSR Agency 75; Ulrik Pedersen/DeFodi Images 63; Ryan Pierse 41; Popperfoto 32-33; Joe Prior/Visionhaus 67; Manuel Queimadelos/Quality Sport Images 49; Carlos Rodrigues 120; Rafal Rusek/PressFocus/MB Media 55; Frederic Scheidemann 11; Alexander Scheuber 13B; Richard Sellers/Sportsphoto/Allstar 23T, 112; Mateusz Slodkowski 103; Igor Soban/Pixsell/ MB Media 117; Catherine Steenkeste 78R; Marco Steinbrenner/DeFodi Images 86R; Boris Streubel 111; TF-Images/DeFodi Images 14B; Marcel ter Bals/BSR Agency 122; Bob Thomas Sports Photography 80-81; Joris Verwijst/BSR Agency 84R, 85; James Williamson/AMA 102R; Charlotte Wilson/Offside 40L

SHUTTERSTOCK
xalien 12

UEFA
Reinaldo Coddou H. 6; Stuart Franklin 30-31; Oliver Hardt 98T; Alexander Hassenstein 74L, 84L; Christian Hofer 86L, 87; Richard Juilliart 7; Jurij Kodrun 50L, 50R, 60L, 61; Aurelien Meunier 78L, 113; Alex Morton 10, 104-105; Valerio Pennicino 66L, 66R; Tullio Puglia 52L, 54L, 54R. 62L, 62R, 73T, 76R, 97; Mark Runnacles 48L, 48R; Franciasco Scaccianoce 88L, 88R; Srdjan Stevanovic 42R, 64L, 64R; Boris Streubel 72T; Sebastian Widmann 16T

Se ha hecho todo lo posible por contactar e identificar correctamente a la fuente y/o titular de los derechos de autor de cada imagen. Cualquier error u omisión no intencionado será corregido en futuras ediciones de este libro.